KB220644

들풀 위에 깃든 소망

지은이 | 홍동완
펴낸이 | 원성삼
본문 및 표지디자인 | 한영애
펴낸곳 | 예영커뮤니케이션
초판 1쇄 발행 | 2020년 1월 31일
등록일 | 1992년 3월 1일 제 2-1349호
주소 | 04018 서울시 마포구 동교로 55 2층(망원동, 남양빌딩)
전화 | (02)766-8931
팩스 | (02)766-8934
이메일 | jeyoung@chol.com
ISBN 979-11-89887-16-2 (04230)
ISBN 978-89-8350-849-2 (세트)

값 11,000원

이 도서의 국립중앙도서관 출판예정도서목록(CIP)은 서지정보유통지원시스템 홈페이지(http://seoji.nl.go.kr)와 국가자료종합목록 구축시스템(http://kolis-net.nl.go.kr)에서 이용하실 수 있습니다.(CIP제어번호: CIP2020000498)

모든 인간은 하나님의 형상을 닮은 존귀한 존재입니다. 사람은 인종, 민족, 피부색, 문화, 언어에 관계없이 모두 다 존귀합니다. 예영커뮤니케이션은 이러한 정신에 근거해 모든 인간이 존귀한 삶을 사는 데 필요한 지식과 문화를 예수 그리스도의 사랑으로 보급함으로써 우리가 속한 사회에 기여하고자 합니다.

들풀 위에 깃든 소망

산골반장목사 홍동완 묵상집

홍동완 지음

예영

하늘 땅 물 벗

어디선가 첼로 소리가 들렸습니다. 처음 들어보는 곡조인데 내 마음을 흔들어 놓았습니다.

'이 새벽에 누가 와서 연주하는 것은 아닐 텐데.'

이렇게 흥얼거리면서 밖으로 나섰습니다.

어둠이 아직 그의 옷자락을 거두지 않았습니다. 첼로 연주와 함께 한 줄기 빛이 풍물패의 상모돌리기 리본처럼 하늘로부터 내려왔습니다. 수정같이 맑은 이슬을 머금고 있는 들풀들의 연주였습니다.

'아! 들풀들의 악기는 첼로였구나.'

부드럽게 온 세상의 아침을 깨우고 있었습니다.

『들풀 위에 깃든 소망』은 들풀같은 도심리 사람들의 이야기입니다. 내가 살고 있는 도심리道心里는 '마음의 길이 있는 마을'이라는 뜻입니다. 도심리 사람들은 마음의 길을 가슴에 안고 살아갑니다. 마음의 길은 예수님입니다. 늘 있고 평범한 것 같지만 항상 새로움을 표현하는 들풀과 도심리 사람들은 닮았습니다. 그래서 그들에게 들풀의 이름을 붙여 주었습니다. 족두리풀 이승복 할머니, 오리풀 김승기 아저씨, 진달래꽃 최종한 아저씨, 지금은 세상을 떠난 천남성 임은봉 아저씨, 민들레 최병연 씨, 당귀 김춘기 아저씨, 찔레꽃 윤병례 아주머니, 둥근이질풀 신정순 할머니, 멍석딸기 조대복 씨, 엉겅퀴 조인형 씨, 머우 김영석 씨 ….

들풀들은 자기 자리가 있습니다. 함부로 다른 자리를 넘보지 않습니다. 있는 자리에서 자신의 모습을 있는 그대로 표현합니다. 숲 그늘 속에서 겸연쩍게 보이는 더덕은 햇빛에 다다르려고 소망의 줄기를 뻗어 봅니다. 나뭇잎 사이로 언뜻언뜻 들어오는 햇빛에 감사하면서 꽃을 피우고 씨를 가집니다. 그리고 있는 자리에서 최선을 다해 다음 세대를 위해 씨를 땅에 떨어뜨립니다.

들풀들은 서로 연결되어 있습니다. 땅속에서 들풀들은 뿌리로 연결되어 있으면서 배려하는 법을 배웁니다. 갈대와 같이 길게 뻗어 있는 뿌리도 있고 민들레처럼 깊게 박혀 있는 뿌리도 있습니다. 뿌리를 통해 서로 사랑을 주고받습니다. 들풀은 또한 향기로 연결되어 있습니다. 발이 있어 갈 수 없지만 향기로 산 너머 소나무 밑둥치에 있는 들풀과 만납니다. 풀밭 위에 누워 돌 밑으로 흐르는 시냇물의 소리를 들으면서 하늘을 올려다봅니다. 들풀들이 하늘하늘 새겨져 있습니다. 들박하 향이 콧구멍을 지나고 돌콩의 줄기가 어깨를 지나 하늘로 올라갑니다. 이것은 하늘에서 내려오는 하나님의 생명의 줄기와 서로 연결됩니다. 들풀들의 고향은 하늘입니다.

누구의 얼굴이 더 예쁠까요? 들풀들에게는 얼마나 우스운 질문인지요. 들풀들에게는 성공이라는 단어가 없습니다. 자신들이 오직 하나님께로부터 왔다는 것을 알기에 자신의 존재에 대한 감격만 있을 뿐입니다. 햇볕에 그을린 구릿빛 얼굴에 조금이라도 뜨거움을 피하려고 말똥버섯 같은 모자를 뒤집어쓴 농부의 모습은 멀리서 보면 비슷합니다. 엉덩이에 앉은뱅이 방석을 매고 밭고랑에 앉아서 재빠르게 손을 놀리는 모습은 환심 살 만한 것 없는 들풀과 같습니다. 화려하지는 않지만 맑고 순결한 향기를 끝없이 뿜어내는 들풀들입니다.

대부분의 사람은 들풀보다는 들꽃이라고 표현하기를 더 좋아합니다. 비교 의식에서 나온 생각입니다. 예수님은 우리들을 들꽃이 아닌 들풀에 비유하셨습니다마 6:30. 꽃은 잠깐입니다. 꽃이 지고 나서도 들풀은 여전히 그 자리에 있습니다. 꽃이 존재하기 위해서는 뿌리가 있고, 줄기가 있고, 잎이 있어야 합니다. 더 나아가 하늘도 있어야 하고, 땅도 있어야 하고, 물도 있어야 하고, 옆에서 함께하는 벗들도 있어야 합니다.

이 책의 묶음을 하늘·땅·물·벗으로 했습니다. 서로 연결되어 있기에 글의 내용에 따라 정확히 구별할 수 없습니다. 하늘은 신성의 거룩함을, 땅은 인간적인 너무나 인간적인 존재의 본질을, 물은 하나님의 원시적 자연을, 벗은 인간들 안에 더불어 사는 희로애락의 삶을 볏단처럼 하나씩 묶어 보았습니다.

여기에 들풀들의 노래가 있습니다. 들풀들의 향기가 있습니다. 들풀들의 순결이 있습니다. 들풀들의 소망이 있습니다. 들풀들은 마침내 가녀린 손을 높이 들고 승리를 합창할 것입니다. 그것은 수풀 그늘 속에서 고개를 들고 있는 참나리들을 보면 알 수 있습니다. 들풀들은 자유합니다. 왜냐하면 들풀들은 어느 누구도 의존하지 않고 오직 하나님만을 의존하기 때문입니다. 그 자유가 그들 안에 영원한 소망을 품게 만듭니다. 오늘도 들풀들은 하늘을 향해, 산을 향해, 사막과 메마른 땅을 향해, 세상을 향해, 인생들을 향해 이 소망을 노래하고 있습니다.

♬ 사막에 숲이 우거지리라 사막에 예쁜 새들 노래하리라
주님이 다스릴 그 나라가 되면 사막이 꽃동산 되리♪

2020년 1월
사랑에 빚진 자 홍동완

● 차례 ●

1부 하늘

2부 땅

3부 물

4부 벗

1부

하늘

감동

볼에 스치는 봄바람은 하나님의 은총의 호흡입니다. 비단처럼 부드럽고 미끄러지듯이 스쳐 지나가는 바람에는 손등으로 볼을 어루만지는 조심스러움이 있습니다. 겨울은 정지시키고 떼어 놓는 계절이라고 한다면, 봄은 서로 만나게 하고 닫혔던 문을 열어 주는 계절입니다.

우리 집 강아지, 미래의 눈빛이 반짝거리고 코끝을 씰룩거리는 것으로 보아 생명의 기운이 땅속 깊은 곳에서 올라오고 있는 것이 분명합니다. 두 팔을 하늘로 높이 쳐들고 “봄이다!”라고 외쳐 봅니다.

봄을 받아들이면서 몸을 봄 쪽으로 기울이려는 순간, 겨울은 쉽게 물러나지 않겠다는 것을 보이려는 듯, 함박눈을 온 세상에 뿌려댔습니다. 잠시 오다가 말 눈이 아니었습니다. 천지가 시커멓도록 펑펑 쏟아졌습니다. 봄기운 때문인지 내리는 눈은 그대로 나뭇가지에 쌓이면서 금방 흰옷으로 갈아입었습니다. 내려앉은 눈 때문에 나뭇가지는 꼭 닭

발처럼 보였습니다. 변화무쌍하고 생기발랄한 세상입니다.

우리 마을 갈밭골에 김충기 아저씨가 살고 계십니다. 아저씨는 평생 농사만 지으며 살아오신 분이십니다. 성품도 온유하고 보기에도 순진하게 생겼습니다.

지난해 여름 서울에 있는 교회 청년들이 농활을 왔습니다. 낮에 농사일을 도와주고 저녁에 아저씨 내외분과 함께 식사와 교제하는 시간을 가졌습니다. 그때 아저씨가 청년들에게 말했습니다.

"여기 계신 목사님은 좋은 분이십니다. 제가 잊을 만하면 불러 주셔서 예배 시간에 말씀을 듣는데 얼마나 마음에 와닿는지 모릅니다."

말씀은 이렇게 하셔도 교회에 나와서 신앙생활을 하지는 않았습니다.

얼마 전에 아저씨의 모친이 돌아가셨습니다. 이름은 이정실, 연세는 94세로 우리 마을에서 가장 오래 사셨던 분입니다. 가끔 제가 방문하면 저를 붙잡아 두려는 듯 제 손을 꼭 잡고 집 안으로 이끄시고 여기저기를 뒤져서 음료수와 다과를 내오셨습니다. 마을 잔치에 늘 오셔서 노래도 부르시고 춤도 추면서 즐거워하셨습니다. 마을 단오축제에 오셔서 "단오 때는 그네를 꼭 뛰어야 해, 그래야 모기가 달려들지 않지." 하면서 그네를 뛰곤 했습니다.

이른 저녁 아저씨로부터 전화가 왔습니다.

"반장님, 저의 어머님이 오늘 돌아가셨습니다."

약간은 침울했지만 예상을 하고 있었다는 듯한 음성이었습니다.

"반장님, 내일 제가 아침 일찍 인천적십자 장례식장으로 가야 합니다. 여기에서 산소 자리를 만들어 주셨으면 합니다. 내일 새벽 6시, 우리 집으로 오면 알려드리겠습니다."

새벽 6시, 아저씨 댁으로 갔습니다. 여전히 어둠이 짙게 깔려 있었습니다. 손전등을 가지고 아저씨와 함께 산소 자리를 찾아갔습니다. 아저씨 집 뒤쪽에 있는 선산에 산소를 마련하고자 했습니다. 아저씨 부친의 산소가 그곳에 있었고, 모친 산소를 그 옆에 만들기로 했습니다.

간밤에 내린 눈이 온 세상을 하얗게 덮고 있었습니다. 장례 차량이 장지로 올라가는 것이 큰 문제였습니다. 평소 잘 알고 지내던 이원재 씨에게 포클레인으로 산소 만드는 일을 부탁했습니다. 꽃집에 연락해서 잔디와 매장할 때 사용할 석회를 주문해 놓았습니다. 인천에서 장례 차량들이 6시에 출발한다고 연락이 왔습니다. 날이 따뜻해서 눈은 많이 녹았지만 높은 언덕길에는 고스란히 남아 있었습니다.

시간이 되자 장례 버스가 도착했습니다. 버스는 언덕을 올라가다가 눈길에 미끄러지면서 개울에 빠질 뻔했습니다. 유족들은 버스에서 내려 걸어가면 되는데, 관을 운구하는 것이 난감했습니다. 궁여지책으로 제 차의 앞좌석을 뒤로 젖히고 운반하기로 했습니다.

차를 가지러 가는데, 논틀말에 사는 고한규 씨가 트럭을 몰고 왔습니다. 얼마 전에 산 새 트럭이었습니다. 제가 사정을 말하자 고한규 씨가 자신의 트럭으로 관을 운반하기로 했습니다. 트럭으로 갈 수 없는 곳에서는 유족들이 운구했습니다.

이원재 씨가 포클레인으로 눈을 치우면서 산소를 만들고 하관할 구덩이를 파 놓았습니다. 잔디와 석회도 도착했습니다. 마을 주민들과 함께 하관을 한 후, 흙을 덮고 잔디를 입혔습니다. 흙이 눈과 섞여 있어서 장갑을 꼈지만 차가운 손으로 일을 했습니다.

모든 장례 일정을 마쳤습니다. 김충기 아저씨가 저에게 다가와 인사를 했습니다.

"목사님, 감사합니다. 이 은혜를 어떻게 갚아야 할지 모르겠습니다."

아저씨 마음에 감동이 일어난 모양입니다.

장례를 마친 다음 주일에 김충기 아저씨 내외가 교회에 오셔서 함께 예배를 드렸습니다. 인사할 기회를 드렸더니, "모친이 돌아가시고 나자 마음이 허전해서 하나님 말씀을 들으려고 왔습니다."라고 말했습니다. 감동이 이정실 할머니의 죽음을 통해, 함박눈을 뚫고, 차게 언 손으로 산소의 잔디를 입히는 모습을 통해 아저씨의 마음속으로 들어갔습니다.

"모든 성경은 하나님의 감동"으로 되었습니다 헬. 데오프뉴스토스(θεοπνευστος): God-breathed. 딤후 3:16. 감동은 하나님의 호흡니다. 하나님의 호흡이 아저씨를 하나님의 사람으로 변화시키고 있습니다.

너머

"잡아, 빨리 잡으라고."

"무서워서 못 잡겠어."

"뭐가 무서워, 격투기 프로 선수가 닭 한 마리도 못 잡나?"

"뾰족한 부리로 나를 물 것 같아."

팔월은 뜨거웠습니다. 가만히만 있어도 등골로 땀이 흘러내렸습니다.

우리 마을은 서울에서 온 교회 청년들의 농촌 봉사 활동으로 활기차고 분주한 시간을 보냈습니다. 마을 어르신들의 마음도 청년들과 함께 일하고, 함께 대화하고, 함께 밥 먹으면서 사랑으로 풍성해졌습니다. 챙 달린 모자를 쓰고 면장갑을 끼고 호미 혹은 낫을 든 모습은 농부를 좀 닮았지만 일하는 것은 영 서툴기만 했습니다. 그래도 호기심 어린 눈빛으로 열심히 일하는 모습이 아름다웠습니다.

봉사 활동을 다 마친 날 저녁, 닭을 잡아먹기로 했습니다. 단순히 닭을 잡아먹는 것이 목적이 아니라 이것을 통해 구약에 나와 있는 속죄 제사를 체험하기로 했습니다. 닭을 잡는 과정을 설명하는데, 여기저기서 작은 비명소리가 들려왔습니다. 그도 그럴 것이 자신들의 손으로 닭을 죽인다는 것이 끔찍했기 때문입니다. 평소에 닭고기를 많이 먹어 봤지만 살아 있는 닭을 죽이는 것은 처음 해 보는 일일 것입니다.

레위기에 보면, 소나 양으로 하나님께 속죄 제물을 드리려는 사람은 그 제물의 머리에 안수하고 직접 죽였습니다. "그런 다음에, 제물을 가져온 사람은 거기 주 앞에서 그 수송아지를 잡아야 하고레 1:4-5, 표준새번역" 제사장은 거기서 나오는 피를 제단에 뿌리는 일을 했습니다.

청년들을 닭 잡아오는 역할, 닭을 손작두 날 위에 올려놓는 역할, 작두로 닭의 목을 치는 역할로 나눴습니다. 잡으려고 쫓아다니는 청년들 앞에서 닭은 요란스럽게 울어대고 날갯짓하면서 도망 다녔습니다. 격투기 프로 선수인 청년이 닭을 간신히 잡아왔습니다. 잡아온 닭을 청년 자매에게 넘겼습니다. 자매는 한 손으로 닭의 두 날개를 잡고 다른 한 손으로는 두 다리를 움켜잡았습니다. 닭을 잡고 있는 손은 떨고 있고, 고개를 돌리고 눈은 찡그리고, 목소리는 거의 울 것 같았습니다.

닭의 목을 손작두 날 위에 조심스럽게 올려놓았습니다. 날개와 다리를 잡힌 닭은 더는 요동하지 않고 조용했습니다. 작두에 자신의 목이 있음에도 닭의 태도는 매우 평온했습니다. 닭은 두 눈을 동그랗게 뜨고 주위를 두리번거렸습니다. 죽음에 대한 두려움을 전혀 느끼지 않았습니다. 곧 죽게 될 자신에 대한 어떤 인식도 없음을 보았습니다. 오히려 옆에서 지켜보는 청년들은 무서워하면서 얼굴을 서로 기대어 눈물을 훔치면서 보지 않으려고 했습니다.

작두의 손잡이를 잡은 청년에게 성경말씀을 외친 후에 닭의 목을 내리치라고 했습니다.

"피 흘림이 없은즉 사함이 없느니라(히 9:22)."

덩치 큰 청년이었는데, 막상 닭의 목을 내리치려고 하니 용기가 없어서 제대로 성경말씀을 외치지도 못하고 더듬는 목소리로, "피 흘림, 피 흘림 … 죄 사함, 죄 사함 …"을 반복했습니다. 잠시 호흡을 가다듬고 손에 힘을 주고 내리치려다가 주저주저하면서 닭에게 말했습니다. "정말 미안하다. 미안해!" 하면서 내리쳤습니다. 순간, 작두의 두 날이 서로 갈리는 소리가 나더니 닭의 목이 잘리고 피가 솟구쳐 나왔습니다. 목이 잘린 닭을 풀밭에 던져 놓자 퍼덕퍼덕 거리면서 이리저리 돌아다녔습니다.

닭의 목을 친 형제나 그것을 지켜보던 자매들은 울고불고 난리가 났습니다. 닭의 목을 친 청년은 울면서 자신의 감정을 억제하지 못하고 눈물을 손등으로 훔치면서 울부짖었습니다. 청년들이 그의 어깨에 손을 얹고 위로했습니다. 그 청년은 새로운 결심을 한 듯 하늘을 향해 외쳤습니다.

"나 이제부터 치킨 안 먹어. 진짜 안 먹을 거야!"

그러나 그 청년은 저녁 식탁에 올라온 토종닭 요리를 맛있게 먹었습니다. 청년 자매들이 키득키득하면서 놀려댔습니다.

손수 닭을 잡는 경험은 어린양이신 예수 그리스도의 죽음을 묵상하는 시간이 되었습니다. 죽임을 당하는 닭의 모습에서 놀라운 한 가지를 알게 되었습니다. 닭을 잡고 있는 청년이나 닭의 목을 작두로 내리치면서 죽이는 청년이나 모두 극도의 불안감에 압도되었지만 죽음의 칼날 위에 놓인 닭은 오히려 잠잠하고 평온했습니다. 자기를 죽이기 위해 모여 있는 청년들을 멀뚱멀뚱 바라보았습니다. 닭의 그런 모습에서 닭이 가지고 있는 엄청나게 넓은 세상을 느꼈습니다.

죽음에 대한 극도의 공포감은 사람만이 가지는 특별한 감정인 것 같습니다. 사람은 죽음 앞에 서면, 절망이 그를 완전히 삼켜 버립니다. 우리가 죽음 자체를 인식할 수 없다면 그리고 죽음을 넘어설 수만 있다면 얼마나 놀라운 세계 속으로 들어갈 수 있을까요? 돌에 맞으면서도 고통을 전혀 느끼지 않았던 스데반은 죽음 너머에 있는 주님을 보았기 때문입니다. 사자 굴에 있었던 다니엘, 복음을 위해 "나의 생명조차 조금도 귀한 것으로 여기지 행 20:24" 아니한 바울은 죽음 너머에 있는 세계를 소유했던 사람들이었습니다.

넘어섭시다!

둘로스

저에게는 '둘로스'라는 이름을 가진 종이 둘 있습니다. 둘로스δοῦλος는 헬라어로 '종, 하인'이라는 뜻입니다. 하나는 우리 집 강아지고, 다른 하나는 저의 발과 같은 갤로퍼 차입니다.

강아지 둘로스는 제가 가는 곳마다 따라 다닙니다. 밭에 갈 때와 산에 오를 때뿐만 아니라 마을을 방문할 때에도 따라 다닙니다. 홍천읍에 갔다 오면 마을 어귀에서 제가 올 때까지 기다리다가 반갑게 맞아줍니다. 차 문을 열어 주면 얼른 올라탑니다. 저를 보면 언제나 꼬리치고 껑충거리면서 좋아한다는 표현이 저의 마음을 기쁘게 합니다.

갤로퍼 둘로스가 저에게 온 것은 2010년도였습니다. 저와는 학창시절과 청년 시절 같은 교회에서 신앙생활을 했던 누님이 용문에 사십니다. 이 누님은 제가 차가 없다는 소식을 듣고 사륜구동이면서 7인승 차량인 갤로퍼를 마련해 주셨습니다. 중고차지만 비포장 길이 있는 우리 마을에서는 안성맞춤입니다. 갤로퍼는 그동안 저와 동고동락했습니다. 농촌에 살다 보니 무거운 짐과 냄새나는 퇴비를 운반하는 일과 같은 온갖 궂은일을 해야 합니다. 그래서 차량 내부는 늘 이런저런 물건으로 지저분했습니다. 작년에는 차체가 부러져서 특수용접을 하는 대수술도 받았습니다. 사소한 고장들로 여기저기 멍들고 아팠지만 불평 한 번 하지 않고 제가 가자는 대로 잘도 다녔습니다. 외관은 찌그러져 있고 녹슬어 점점 볼품없어졌지만 힘은 무척 셌습니다. 주인인 저의 명령을 한 번도 어긴 적이 없습니다.

그날도 볼 일이 있어서 갤로퍼를 끌고 마을로 향했습니다. 출발할 때는 강아지 둘로스가 보이지 않다가 창고 옆 밤나무 앞을 지나자 어디선가 나타나서 갤로퍼를 따르기 시작했습니다. 뒷거울로 보니, 둘로스가 혓바닥을 이리저리 흔들면서 따라오고 있었습니다.

김여수 댁을 지날 때였습니다. 평소에는 묶여져 있던 풍산개가 풀려서 다리에서 어슬렁거리고 있었습니다. 다리를 지나 은행나무가 있는 삼거리에 이르렀을 때, 둘로스가 죽겠다고 울어댔습니다. 차를 멈추고 봤더니 김여수 씨 풍산개가 우리 둘로스를 물고 흔들면서 놓아주지를 않았습니다. 급하게 차에서 내려 소리치며 개싸움을 말렸지만 풍산개는 여전히 물고 놓질 않았습니다. 이러다가는 둘로스가 죽겠다 싶어서 막대기로 풍산개의 몸뚱이를 수차례 내리쳤습니다. 그제야 물고 있던 둘로스를 놓고 자기 집으로 돌아갔습니다. 둘로스는 엉덩이를 물렸는지 빨갛게 피를 흘리고 있었습니다.

꼬리를 잔뜩 움츠리고 놀란 눈을 하고 있는 둘로스를 가슴에 안고 차로 오려는 순간 세워 두었던 갤로퍼가 비탈길로 내리달리기 시작했습니다. 어떻게 손을 써 볼 겨를이 없었습니다. 차를 세워 둔다는 것이 시동은 껐지만 핸드 브레이크를 잡아놓지 않아서 완만한 비탈에서 천천히 미끄러지면서 가파른 길로 내리달렸습니다. 십여 미터를 내려가던 갤로퍼는 도로 옆에 있는 바위에 부딪히고서야 멈추어 섰습니다. 충격으로 오른쪽 범퍼는 깨지고, 앞바퀴는 터지고, 앞문은 찌그러져서 닫히질 않았습니다. 나중에 보니, 엔진에서도 기름이 새고 있었습니다. 긴급 출동 서비스를 통해 타이어를 교체했습니다. 직원이 “이 차는 폐차시켜야 할 것 같습니다.”라는 말에 폐차하기로 결정했습니다. 만신창이가 된 갤로퍼를 아주 조심스럽게 몰고 와 창고 옆에 세워 두었습니다.

다음날 폐차 업소에 연락했습니다. 춘천에서 와야 하기에 한 시간 정도 걸린다고 했습니다. 폐차 업소에서 견인차가 올 때쯤 갤로퍼 둘로스에게 갔습니다. 마지막으로 운전석에 앉았습니다. 여기저기 상처 난 모습이 꼭 패잔병 같았습니다. 비록 말을 하거나 듣지 못하는 물건이지만 작별 인사를 하고 싶었습니다.

“둘로스, 그동안 나와 함께 하느라고 고생 많았지? 너는 나에게 한 번도 불평하지 않고 내가 하라는 대로 다했다. 너는 나보다 낫다. 정말 고마웠어. 잘 가!"

말을 읊조리는데 눈꺼풀이 떨리고 가슴이 멍해졌습니다. 둘로스는 저와 함께 약 10만 킬로미터를 다녔습니다. 이것은 지구를 두 바퀴 반이나 돈 거리입니다. 견인차가 도착했습니다. 둘로스를 쇠사슬로 묶어서 차 뒤에 고정시켰습니다. 둘로스 앞쪽을 번쩍 든 후에 끌고 갔습니다. 갤로퍼는 아무 말이 없었습니다. 둘로스가 시야에서 사라질 때까지 바라보았습니다. 둘로스는 저에게 진짜 종이 어떤 것이지 보여 주었습니다.

"이와 같이 너희도 명령 받은 것을 다 행한 후에 이르기를 우리는 무익한 종이라 우리가 하여야 할 일을 한 것뿐이라 할지니라(눅 17:10)."

여기서 '무익한 종'이 바로 헬라어로 둘로스입니다. 사도 바울, 베드로, 요한, 야고보, 유다는 서신서에서 자신들을 그리스도의 둘로스라고 표현했습니다. 종은 우리나라 헌법에 나와 있는 신체의 자유, 표현의 자유, 재산 소유의 자유, 직업 선택의 자유, 주거 이전의 자유, 양심의 자유, 종교의 자유가 하나도 없습니다. 종에게 있는 것은 오직 주인뿐입니다. 그런데 그리스도의 종인 우리들은 가진 것이 너무 많고 목소리가 너무 큰 것은 아닌지 모르겠습니다. 혹시 주인 위에 있지는 않은지요?

만물극필귀원

마을 어르신들이 교회 앞마당에서 서로 이야기하느라고 웅성거리자 낙엽 위에서 따뜻한 햇볕을 쬐던 둘로스는 자취를 감추었고, 붙임성 좋은 미래는 연신 꼬리를 흔들면서 사람들 사이를 분주하게 오갔습니다. 승용차들이 고개를 끄떡이면서 언덕을 올라왔습니다.

오늘은 추수감사절로 마을 어르신들과 함께 예배드리는 날입니다. 왕년에 경찰이셨던 조 집사님이 주차 안내를 맡았습니다. 예배 시간에 간증 나눔을 하라고 하면 손과 머리를 절레절레 흔들지만 주차 안내만큼은 자신 있어 하십니다.

삼삼오오 마을 어르신들이 저마다 손에 추수한 농산물을 가지고 오셨습니다. 김중기 아저씨는 메밀을 가지고 오셨고, 허남준 할머니는 볏단을 가지고 오셨고, 김병렬 아저씨는 감을 가지고 오셨습니다. 들기름을 가지고 오신 분, 무를 가지고 오신 분, 대추를 가지고 오신 분, 오미자를 가지고 오신 분, 팥을 가지고 오신 분들이 진열대 위에 올려놓았습니다. 최병례 아주머니는 배추를 내려놓으면서 "목사님, 이 배추는 밭에서 제일 큰 놈입니다." 자랑했습니다.

아리랑 곡조에 가사를 붙여서 하나님께 감사의 찬양을 부르면서 예배를 시작했습니다.

♬ 하나님 은혜에 감사하세
올해도 풍년을 주시었네♪

정희열 아주머니가 "배추와 무 농사를 잘 짓게 하신 하나님께 감사합시다."라고 선창하자 다 함께 "주는 선하시며 인자하심이 영원함이로다." 합창을 했습니다. 같은 방식으로 어르신들이 추수한 농산물을 하나씩 하나씩 감사로 하나님께 드렸습니다.

예배 때 부르는 찬양은 "아리랑", "고향의 봄", "우리의 소원" 등과 같은 동요 혹은 민요를 개사해서 불렀습니다. '나도 알겠다.'라는 표정으로 모두 열심히 찬양을 불렀습니다.

목소리는 작았지만 낙엽이 떨어지는 조요照耀한 가을 분위기에 어울리게 박연희 성도님이 "가을 편지"라는 글을 낭독했습니다.

"주님, 이 가을에 주님께 편지를 띄웁니다. 쉬지 않고 놀리던 손을 살며시 거두어 무릎 위에 올려놓습니다. 입가에 엷은 미소를 지닌 채

단풍의 향연이 펼쳐진 먼 산을 바라봅니다. 그 너머에 귀엽고 사랑스런 열매들이 있습니다. 감자, 옥수수, 고구마, 들깨, 고추, 오이, 배추, 벼, 오미자, 모두 당신이 하늘 품에서 내려 주신 선물들입니다. …"

강광석 성도님은 색소폰으로 "어메이징 그레이스Amazing Grace, 나 같은 죄인 살리신"를 연주했습니다. 이제 막 믿음을 시작한 유경동 성도님의 간증이 이어졌습니다. 헌금 기도 시간에는 마을 어르신들 이름을 부르면서 축복 기도를 드렸습니다.

설교 제목은 "추수와 씨앗"이었습니다. 영상으로 씨앗들을 보여 주면서 어떤 씨앗인지 문제를 냈습니다. 팥 씨, 옥수수 씨, 고추 씨 등을 보여 주었는데, 마을 어르신들이 잘 맞추었습니다.

가을은 씨앗을 거두어들이는 계절입니다. 씨는 봄에 씨로 시작했다가 가을에 씨로 자신을 남기듯이 씨로 시작했다가 씨로 끝납니다. 씨로 끝난다는 것은 시작했던 씨로 다시 돌아감을 의미합니다. 만물이 마지막에 이르면 반드시 그것이 나온 곳으로 돌아간다는 뜻을 한자어로 '만물극필귀원萬物極必歸原'이라고 합니다. 하나님은 아담을 창조하신 후, 아담에게 다시 돌아가야 한다고 말씀하셨습니다. 아담은 어디론가 가버리는 존재가 아닌 다시 돌아가야 하는 존재입니다.

"너는 흙이니 흙으로 돌아갈 것이니라(창 3:19)."

호세아 선지자도 외쳤습니다.

"오라 우리가 여호와께로 돌아가자(호 6:1)."

예수님도 끊임없이 돌아갈 것을 말씀하셨습니다.

"나를 보내신 이에게로 돌아가겠노라(요 7:33)."

바울에게 있어서 세상 만물은 모두 주께로 돌아가는 존재로 표현하고 있습니다.

"이는 만물이 주에게서 나오고 주로 말미암고 주에게로 돌아감이라(롬 11:36)."

우리는 어디론가 한없이 떠나거나 사라지는 존재가 아닌 예수 그리스도를 통하여 하나님께로 돌아가는 존재입니다. 하나님은 우리 영혼의 고향이고 근원입니다. 그런데 하나님께로 가야할 존재인 인간이 죄로 인해 돌아갈 길을 잃어버렸습니다. 우리와 하나님 사이에 끊어진 다리를 새로 놓으신 분이 바로 예수 그리스도입니다. 예수 그리스도를 통하지 않고는 하나님 아버지께로 돌아갈 수 없습니다요 14:6.

추수감사예배를 통해 씨앗들을 보여 주면서 씨앗이 근원된 씨앗으로 다시 돌아갈 때, 내년 봄에 새로운 생명을 시작할 수 있는 것처럼 인간도 하나님께 돌아가야 새 생명을 시작할 수 있음을 외쳤습니다.

예배 후에 마을 식구들 모두가 맛있는 식사를 나누면서 행복한 시간을 가졌습니다. 교회와 마을이 하나 되는 시간이었습니다.

사람들은 선과 악을 나누고, 가난한 자와 부한 자를 나누고, 좋아하는 사람과 싫어하는 사람을 나눕니다. 근원이라는 관점에서 보면 우리는 모두 하나입니다. 하나님을 사랑하고 공경하는 마음으로 추수한 농산물을 정성스럽게 가지고 오시는 마을 분들을 보면서, 기쁨으로 하나님의 이름을 부르고 함께 하나님을 찬양하는 모습을 보면서, 우리가 바로 하나님의 자녀요 가족임을 보았습니다. 얼마나 평화로운 모습입니까!

무엇보다 우리에게 돌아갈 곳이 있기에 더욱 행복합니다.

어메이징

다시 왔다는 티를 내면서 이 산 저 산 옮겨 다니면서 벌써 울어댔어야 할 뻐꾸기의 울음소리가 들리지 않습니다. 봄과 여름의 경계가 모호해진 요즘 뻐꾸기도 계절 감각을 잃어버린 것이 아닌지 괜히 마음이 쓰입니다. 계절이 좀 이상하다 싶으면 지구 온난화 때문이라는 생각이 앞섭니다. 귀를 기울이고 먼 산을 바라보며 오랜만에 만날 벗을 기다리듯 뻐꾸기 생각을 합니다.

주일 예배를 마치고 성도들과 함께 점심 식사 후에 기도회를 가졌습니다. 연세 드신 분들이 많아서 자연히 육신의 질병을 갖고 있는 성도가 많습니다. 대상포진 후유증으로 종종 심한 두통에 시달리는 이 권사님, 옛날에 닭 공장에서 일하다가 얻은 주부 습진으로 고생하시는 민 집사님, 허리와 팔이 아파서 무거운 것을 들지 못하는 이 집사님, 물에 젖은 이불과 같은 육신을 붙들고 있는 모습이 늘 안쓰럽습니다.

기도회를 마치고 집으로 돌아갈 때, 민 집사님이 자동차 문을 붙들고 제게 부탁을 합니다.

"목사님, 부엌에 있는 수도꼭지를 틀면 전기 모터가 고장 났는지 계속 색색거리면서 돌아갑니다. 오셔서 좀 봐주세요."

"알았습니다. 제가 좀 있다가 들릴게요."

뒷정리를 마치고 옷을 갈아입은 후, 차를 몰고 민 집사님 댁으로 향했습니다. 우리 집 강아지인 '둘로스'가 따라 나섰습니다. 둘로스는 제가 가는 곳이라면 동네방네 따라다닙니다. 그날도 여지없이 저를 따라 나섰습니다. 집으로 돌아가라고 소리쳐도 소용없었습니다. 둘로스는 한 씨 비닐하우스 앞에 멈추어 섰습니다. 왜냐하면 그곳에는 진돗개 두 마리가 잡아먹을 듯이 짖어대며 지키고 있기 때문입니다.

차를 멈추고 둘로스를 차에 태우고 막 가려고 하는데, 멀리 원두막에 사람들이 모여 있다가 저를 불러 세웠습니다. 뭘 먹고 가라는 소리였습니다. 모터 펌프 때문에 기다리고 계실 민 집사님을 생각해서 그냥 갈까 하다가 길가에 차를 세우고 원두막으로 올라갔습니다. 가서 보니, 조 집사님 부부, 김 집사님 부부, 최근 우리 마을에 집짓고 이사 오신 강 씨 부부가 와 있었습니다. 상에는 수박, 참외, 떡, 인천에서 가져왔다는 광어회도 한 접시 있었습니다.

강 씨와 반갑게 인사를 나누었습니다. 강 씨는 색소폰을 연주하는 특기를 가지고 있습니다. 대화도 자연히 색소폰에 대한 것이었습니다.

그 자리에서 강 씨에게 주일 예배 때 색소폰 연주를 부탁했습니다. 흔쾌히 허락했고, 토요일 오후에 교회에 와서 연습까지 하겠다고 했습니다. 연주할 곡은 "어메이징 그레이스나 같은 죄인 살리신"였습니다. 본인은 기독교인이 아니기에 아는 찬송가도 없고 연주할 수 있는 것도 없지만 이 곡은 세계적으로 워낙 알져진 곡이라 할 수 있다고 했습니다. 이 곡의 작사자인 존 뉴턴John Newton 목사님에 대한 일화를 소개하면서 곡의 배경을 설명하자 자기의 처지와 비슷하다고 공감했습니다.

토요일, 조 집사님과 함께 왔습니다. 차에 앰프, 스피커, 마이크, 반주기를 싣고 와서 설치하고 연습했습니다. 몇 번 연습하더니 처음보다는 훨씬 좋아졌습니다. 그 자리에 있던 분들이 모두 감탄했습니다. 강 씨도 교회에서 찬송가를 연주하는 것이 처음이고 영광이라고 말했습니다.

주일 예배 때는 부인과 함께 왔습니다. 색소폰 연주를 연습할 때보다 훨씬 잘했고, 모두 큰 은혜를 받았습니다. 이것이 계기가 되어 강 씨 부부는 교회에 나오기로 했습니다. 무슨 죄를 많이 졌는지 진담 반 농담 반으로 "제가 지은 죄가 많아서 하나님 앞에 나와서 죄를 씻어야 합니다."라고 말했습니다.

강 씨가 교회 와서 연주를 하고 예수 믿기로 결단하기까지 기막힌 과정이 있었습니다. 만약 민 집사님의 전기모터가 망가지지 않았다면, 가는 길에 원두막에 있는 강 씨를 만나지 못했을 것입니다. 우리 집 강아지 '둘로스'가 따라오지 않았다면, 저는 그 원두막을 그냥 지나갔을 것입니다. 그리고 강 씨는 조 집사님의 학교 후배입니다. 선배인 조 집사님 소개로 도심리 마을에 오게 되었습니다. 조 집사님은 우리 마을에 와서 먼저 살고 있는 조경문 씨의 친구입니다. 그 친구의 소개로 도심리에 살게 되었고, 우리 교회에 나오게 되었습니다. 이것 중에 어느 하나라도 이루어지지 않았다면, 저는 강 씨를 만나지 못했을 것입니다. 민 집사님의 모터가 고장 나서 가는 길에 강 씨를 만나기는 했지만, 민 집사님께 오늘은 주일이니 월요일에 가겠다고 하면 강 씨를 만날 기회를 얻지 못했을 것입니다. 강 씨 부부가 하나님을 믿게 된 것이 놀라운어메이징, amazing "감탄스럽도록 놀라운" 하나의 일이지만 그 과정 역시 놀라운어메이징 일입니다.

어느 한 사람, 어느 한 사건, 어느 한 순간 무의미하게 다루지 말아야 합니다. 이런 것들은 하나님의 뜻을 이루기 위해 과정을 통해 하나로 연결되어 있기 때문입니다. 지금 나의 삶이 어메이징하고, 살아가는 순간이 어메이징합니다. 이런 어메이징들이 모여서 어메이징한 일이 일어납니다.

참 권위

겨울이 문을 열고 막 들어섰습니다. 하얀 눈 세상이 펼쳐졌습니다. 교회 앞 소나무는 눈의 무게를 견디지 못하고 가지가 땅까지 내려앉았습니다. 잣나무가지도 부러져 밭 위에 자빠져 있습니다. 보통 정월이 지나야 추위에 시냇물이 얼면서, 덧물이 다시 얼면서 겹겹이 얼음층을 만들어 내는 거케강원도 홍천 방언가 올해는 벌써 생겼습니다.

"사람과 사람이 서로 사랑한다는 것, 그것은 궁극적인 마지막 시련이고 시험이며 과제입니다."

라이너 마리아 릴케의 말입니다.

사람 속에서 사람을 부둥켜안고 사람 사람 하다가 터진 하늘 위로 쏟아지는 하얀 눈을 바라봅니다. 그 눈 속에서 열심히 하나님을 찾아

봅니다.

강원도 홍천 도심리라는 작은 산골 마을에 들어왔을 때 저의 출입과 복음 전하는 것을 대놓고 반대했던 마을 주민들이 저를 반장으로 세운 지도 8년째입니다. 농촌에서 반장이 해야 할 일들이 많습니다. 그 중에 연초가 되면 농사지을 종자 신청을 받습니다. 종자 신청 중에 가장 많은 것은 감자입니다. 사람들에게 강원도 하면 제일 먼저 생각나는 것이 무엇이냐고 물어 보면 대부분 감자라고 말합니다.

감자의 원래 고향은 남미 안데스산맥입니다. 16세기 후반에 이 지역을 점령한 스페인 사람들이 감자를 스페인에 전파했고, 계속해서 아일랜드, 영국, 독일 그리고 유럽 대륙으로 퍼져 나갔습니다.

19세기 초에 유럽에서 전 세계로 보급되었는데, 이 시기에 귀츨라프 선교사는 우리나라에 처음으로 복음과 함께 감자를 전했습니다. 1832년 7월에 충청도 홍주만 고대도에서 귀츨라프 선교사에 의해 처음으로 재배되었습니다. 그가 여행을 위해 배 안에 식량으로 가지고 다니던 감자 한 자루가 충청도에서 재배되면서 삼천리 반도 금수강산 구석구석으로 퍼져 나갔습니다. 현재 강원도의 복음화율은 10% 이하입니다. 그러나 감자의 보급률은 100%라고 해도 과언이 아닙니다. 감자는 순식간에 나라 전체를 점령했지만, 복음은 오히려 점점 힘을 잃어가고 있고 위기에 처해 있습니다.

저도 감자 농사를 지으면서 사람들이 감자를 왜 좋아할까 생각해 봤습니다.

첫째, 매우 친근하게 생겼습니다. 땅속에 동글동글하게 생긴 감자는 할아버지부터 손자들까지 꼭 한 가족의 얼굴과도 같습니다.

둘째, 수확이 많습니다. 감자 한 박스를 심으면 20박스까지 수확이 가능합니다.

셋째, 쓰임새가 많습니다. 구워 먹고, 삶아 먹고, 튀겨 먹고, 볶아 먹고, 간혹 썩는다 해도 잘 거르면 감자 가루가 되고, 그것으로 맛있는 떡을 만들어 먹을 수 있습니다.

넷째, 감자는 재배 방법이 쉬워서 일자무식 촌로(村老)도 할 수 있습니다. 감자를 사등분 한 후에 땅에 적당히 심고, 90일이 지나면 수확할 수 있습니다.

다섯째, 보관을 오래할 수 있습니다. 예수께서 말씀하신 한 알의 밀의 예화를 강원도 버전으로 하면 "한 알의 감자가 땅에 떨어져 죽지 아니하면 한 알 그대로 있고 죽으면 많은 감자를 맺느니라."고 할 수 있습니다요 12:24. 저도 이곳에서 누구나 좋아하는 한 알의 감자가 되려고 힘쓰고 있습니다.

연말이 되어 마을 대동회가 열렸습니다. 그 자리에서 1년 동안 있었던 사업과 회계 보고를 했습니다. 특별히 이날은 반장을 선출하는 날이기도 합니다.

“우리 마을을 위해 일할 반장을 추천해 주세요.”

추천에 앞서 여러 사람이 의견을 말했습니다.

“지금 반장님은 그동안 너무 고생하셨습니다.”

“반장님이 일을 훌륭하게 하셨습니다. 그러나 고인 물도 오래되면 썩는 법입니다. 다른 사람이 했으면 합니다.”

“지금 반장님보다 일을 잘 보실 수 있는 사람은 아무도 없습니다.”

“저도 지금 반장님이 연임했으면 합니다.”

저를 포함해서 네 명 추천이 들어왔습니다. 그러나 추천받으신 분들이 모두 반장 일을 보지 못하겠다고 고사固辭하는 바람에 투표에 들어가지 못하고 제가 반장 일을 계속하게 되었습니다.

저에게 주어진 반장의 일을 잘 감당하려고 하는 것은 섬김의 중요한 도구로 여기기 때문입니다. 세상 속에서 빛을 발하고 세상 속에서 소금의 맛을 내야 참다운 교회의 모습입니다. 반장 일을 통해 사람들을 만나면서 사람 안에 있는 다양성을 알게 되었습니다. 성도들에게도 마을에서 어떤 역할이 주어지면 최선을 다해 섬길 것을 당부했습니다. 다수의 마을 임원이 교회 성도들로 이루어져 있습니다.

밭둑에 아무렇게나 앉아서 막걸리 한 병 놓고 한 숨 쉬고 있는 농부들, 백 번 죽었다 깨어나도 여전할 것이라는 절망에 사로잡혀 있는 사람들, 선善의 마지막 보루라고 여겨졌던 성직자들에게서 자기들 속에 있는 똑같이 추악한 탐욕의 모습을 봄으로 진리와 생명마저 걷어차 버린 사람들과 함께하고 있는 것이 제 삶의 환경입니다. 발에 끌리는 치렁치렁한 인위적 권위라는 옷을 벗어버리고, 한 알의 감자처럼 예수 그리스도의 심장을 가지고 그들 속에 들어가 함께 일하고, 함께 먹고, 함께 울고 웃을 것입니다. 그러면 사랑하는 주님이 밤하늘에 밝게 빛나는 별빛 은실로 만든 참 권위의 옷을 입혀 주실 것입니다.

참 권위는 자신이 만드는 것이 아니라 바로 하늘로부터 주어지는 것입니다.

창조

강원도 홍천군 화촌면 구성포리 산307-4번지!

이곳은 교회를 새로 건축하기 위해 매입한 땅입니다. 번지가 산으로 표현된 것으로 보아 알 수 있듯이 말 그대로 산입니다. 크고 작은 나무가 꽤 있습니다. 땅 위쪽에는 코끼리 다리와 같은 세 개의 낙엽송이 버티고 서 있고, 아래 경사면에는 단풍나무, 밤나무, 다래넝쿨, 오리나무들이 오글오글 모여 있습니다. 지적도 상으로 보면, 땅 모양이 꼭 사랑의 표시인 하트처럼 생겼습니다.

교회를 건축하고자 하는 마음도 조심스러웠지만 말을 꺼내기는 더욱 조심스러웠는데 오히려 성도들이 적극적으로 교회를 건축하자고 했습니다.

"목사님, 이제는 나이가 들어서인지 차를 운전하고 언덕을 넘어 교회에 오기가 겁이 납니다."

"교회가 마을 중간에 있었으면 좋겠습니다. 마을 사람들 중에도 교회로 오는 길이 험해서 오기가 부담이 된다는 사람도 있습니다. 목사님도 아시다시피 겨울에 눈이 오면 교회 오기가 아주 매했어요."

교회 건축이라는 말만 들어도 떡 먹다가 체한 것처럼 속이 불편한 것이 지금 한국 교회의 현실입니다. 무리한 교회 건축, 건물만 잘 지으면 교회가 부흥할 것처럼 생각하고 건축하다가 어려움을 당하는 경우를 너무 많이 들어왔기에 교회 건축이 정말 주님이 원하는 것일까를 생각하게 되었습니다. 세속적인 욕심과 인간적인 의도를 하나님의 뜻이라고 하면서 결국 건축하지나 않을까 조심스러워집니다.

도심리교회 건축은 목회자인 저로부터 시작했다기보다는 성도들의 입에서 시작되었습니다. 저는 성도들과 함께 나누면서 교회가 성도들의 편의를 위해서 뿐만 아니라 마을을 위한 교회로 건축해야 한다고 강조했습니다. 앞으로 하나님이 교회를 어떻게 만들어 가실지 기대가 됩니다.

교회 건축 말이 나오고 먼저 부지를 매입하는 계획을 3년 전에 세우면서 '한 평 드림 운동'을 시작했습니다. 드림은 드린다는 의미도 있고, 영어로는 꿈Dream으로 표현할 수 있습니다. 처음에는 한 평에 20만 원, 300평을 목표로 했습니다. 작년까지 모금하기로 했는데, 하나님의 큰 도우심으로 820평을 구입할 수 있었습니다. 교회가 땅을 매입해서 건축한다는 소식이 우리 동네뿐만 아니라 이웃 동네에도 소문이 퍼져나갔습니다. 어느 곳이든 교회를 건축한다고 하면 좋아할 사람이 없습니다. 성도들에게도 완전히 계약이 완료될 때까지는 말하는 것을 자제해 달라고 요청했습니다. 그러나 발 없는 말을 막을 수 없었습니다. 요즘 마을 사람들로부터 뜻밖의 말을 듣습니다.

"목사님, 교회를 새로 짓는다면서요? 정말 잘됐어요. 지금 있는 곳은 너무 멀어서 다니기가 어려워요. 눈이 오면 불안했는데, 정말 잘됐어요."

"축하드립니다. 이제는 목사님이 세상에 나와서 큰일을 해야 할 때라고 생각합니다. 제가 도울 수 있는 일은 최선을 다하겠습니다."

제가 우리 마을에 처음 들어왔을 때 주민들은 교회가 들어설 것을 예상하고 목사인 저의 출입을 막고 방해했습니다. 그런데 이제는 교회를 건축한다고 하니 주민들이 좋아하고 축하해 줍니다. 사람들의 마음도 변했고, 마을의 분위기도 변했습니다. 하나님이 모든 것을 새롭게 만들어 주셨습니다.

"내가 만물을 새롭게 하노라(계 21:5, I am making all things new [NIV].)."

영어 성경의 현재진행형으로 된 표현이 이른 아침 이슬 가득한 풀섶 속에서 뛰어오르는 개구리처럼 생동감이 넘칩니다. 사람들은 하나님이 태초에 천지를 창조하신 이후로 모든 것을 그냥 내버려두시기 때문에 인간 역사에 개입하지 않는 것으로 여깁니다. 하지만 하나님은 현재진행형으로 모든 것을 창조하고 계십니다. 이것은 이미 하나님은 모든 것을 완전하게 만드셨다는 것에 반하는 것이 아니라 오히려 하나님이 그의 피조물과 매우 친밀한 관계를 가지고 있음을 말씀하는 것입니다.

"하나님이 모든 것을 지으시되 때를 따라 아름답게 하셨고(전 3:11, 70인 역에서 '때'를 헬라어, '카이로스'로 표기함)"

하나님은 과거, 현재, 미래의 시간 속에 계신 분이 아니라 시간의 한계를 초월하신 분입니다. 하나님과 영원이라는 시간의 개념을 성경에서는 카이로스로 표현합니다요 4:23; 막 1:14-15. 영원하신 하나님이 우리를 영원히 새롭게 만들어 가고 계십니다. 영원하신 하나님 안에서 시간은 영원이 되기 때문에 에덴동산, 우리 안에 있는 천국, 새 하늘과 새 땅이 하나가 됩니다.

사도 바울의 단호한 외침을 들어보십시오.

"누구든지 그리스도 안에 있으면 새로운 피조물이라(고후 5:17)."

실감이 잘 나지 않습니까? 과거, 현재, 미래라는 시간 속에 갇혀 있기 때문입니다. 아침에 일어났는데 하나님이 밤새 에덴동산과 새 하늘과 새 땅을 창조해 놓으셨습니다. 그리스도 안에 있는 우리는 에덴과 새 하늘 새 땅 안에 있는 것입니다. 두 손 들고 찬양하지 않을 수 있을까요?

할머니와 신용 카드

신정숙 할머니가 장에 간다고 하자 허남준 할머니도 지체없이 따라 나섰습니다.

신 씨 할머니에게는 정신 질환을 앓고 있는 아들이 있습니다. 매달 쌀값이 나오는데, 1년에 한 번은 면사무소에 신고해야 합니다. 면사무소 가는 길에 장도 보려고 저에게 차량을 부탁했습니다. 할머니의 건강도 썩 좋지 못합니다. 고혈압, 심근 경색으로 약을 먹고 있고 힘든 일을 하면 곧 숨이 찹니다. 한평생 농사만 짓고 살아왔는데, 10년 전에 할아버지를 먼저 저 세상으로 보냈습니다. 새벽부터 일어나서 어둑어둑할 때까지 밭에서 일을 합니다. 시커먼 바위 덩어리 하나가 이리저리 흔들리는 것 같은데, 바로 어둠 속에서 일하시는 할머니의 몸짓입니다.

같이 따라 나선 허 씨 할머니도 4년 전에 할아버지를 먼저 하늘나라로 보냈습니다. 배우지도 못하고 가진 것도 없는데, 고집과 자존심은 얼마나 센지 하늘을 향해 서 있는 전봇대처럼 우뚝 솟아 있습니다. 장난칠 때는 꼭 어린아이와 같습니다. 할머니 댁을 방문하면 내가 오는 것을 보고 숨어 있다가 문 뒤에서 갑자기 나타나 "어흥!" 하고 호랑이 울음소리를 내면서 달려듭니다. 웃지도 못하고 놀라지도 못하고 난처한 모습으로 서 있을 때가 종종 있습니다.

두 분의 공통점이 있습니다. 우리 마을 토박이고 홀로 되셨고 나이도 동갑이어서 서로 의지하고 친구처럼 지냅니다.

신 씨 할머니가 면사무소에서 일을 보는 동안 허 씨 할머니는 가게에 들어가서 물건을 샀습니다. 나도 돌아가는 길에 함께 먹으려고 빵과 따뜻한 두유를 샀습니다. 허 씨 할머니가 두 손으로 물건을 가지고 계산대로 왔는데, 두부를 여섯 모나 샀습니다.

"두부를 뭐해서 드시려고 이렇게 많이 사세요?"

"두부만 먹고 죽으려고, 히히 …"

볼일을 다 보고 댁으로 모셔드리려고 하는데, 자장면을 먹고 가자고 붙들었습니다. 내가 준비한 빵과 두유를 드시면서 집에 가자고 해도 기어코 자장면을 먹고 가야 한다고 운전대를 잡은 내 손을 붙들고 늘어졌습니다. 점심 식사하기에는 좀 이른 시간이었습니다.

"그동안 목사님께 신세만 졌는데, 오늘은 내가 살 테니까 꼭 가야 돼!"

이번에는 당신들이 사겠다고 단단한 표정으로 말했습니다. 그래서 면사무소 앞에 있는 중국집으로 들어갔습니다. 식당 안에는 우리 마을에 다니는 집배원이 볶음밥을 먹고 있었습니다. 집배원에게 인사를 건네고, 할머니들에게 드시고 싶은 것을 물어보았습니다. 신 씨 할머니는 자장면, 허 씨 할머니는 짬뽕, 나는 볶음밥을 시켰습니다. 시골 중국집의 특징은 맛보다는 분명히 양입니다. 음식을 시켜놓고 기다리면서 이야기를 나누고 있었습니다. 식사 후에 음식 값은 내가 계산해야겠다는 생각을 하고 있었습니다. 그런데 허 씨 할머니가 일어나서 밖으로 나가시길래 화장실 다녀오는 줄 알았습니다. 문틈으로 보니 계산대에서 음식 값을 내고 있었습니다. 주문한 자장면이 아직 나오지도 않았는데, 계산을 하고 있었습니다. '아차!' 하고 생각했지만 이미 늦었습니다. 허 씨 할머니는 음식 값을 돈으로 계산하지 않고 신용 카드로 했습니다.

보통 할머니들이 계산할 때, 돈을 꺼내기 위해 옷을 여러 겹 들추어야 합니다. 어떤 때는 속살이 비칠 때까지 바지춤을 끄르기도 합니다. 영락없이 지폐도 종류별로 정리되어 있지 않고 뒤섞여 있고 두세 겹 꾸겨져 있습니다. 그러나 허 씨 할머니는 주머니에서 준비한 신용 카드를 꺼내 신속하게 계산했습니다.

할머니는 글을 읽을 줄도 쓸 줄도 모릅니다. 산수 계산은 더욱이 못하지만 카드만 있으면 허 씨 할머니가 계산할 필요가 없습니다. 식당 주인이 알아서 계산합니다. 할머니는 신용 카드를 식당 주인에게 내민 후에 고개만 빼꼼 들고 있으면 됩니다.

할머니는 '음식 값은 내가 냈다.'라는 표시로 신용 카드를 달랑달랑 흔들면서 돌아왔습니다. 보기에도 풍성한 자장면, 짬뽕, 볶음밥이 나왔습니다. 식사 후에 함께 마을로 향했습니다. 도중에 신 씨 할머니가 신용 카드 이야기를 꺼냈습니다.

"아들들이 카드를 만들어 줬다고 그렇게 막 써도 돼?"

"뭐 어때서, 지들이 알아서 하겠지."

허 씨 할머니가 신용 카드를 쓰면 얼마나 쓰겠습니까? 가끔 장에 가서 순대국밥 한 그릇이면 족할 것입니다. 할머니는 카드 안에 있는 글자와 숫자의 의미를 모릅니다. 카드와 연결된 통장에서 어떻게 결제되는지 모릅니다. 단지 카드를 위에서 아래로 그었을 뿐인데 중국집 아저씨가 감사 인사와 함께 카드를 돌려주었습니다. 플라스틱 딱지처럼 생긴 신용 카드가 할머니를 대신해서 모든 것을 해결해 줍니다.

구원을 매우 어렵고 복잡하게 만드는 경향이 있습니다. 그러나 구원은 예수님 때문에 아주 간단합니다.

"곧 창세전에 그리스도 안에서 우리를 택하사 우리로 사랑 안에서 그 앞에 거룩하고 흠이 없게 하시려고(엡 1:4)"

하나님은 우리를 천지 창조 전에 그리스도 안에서 우리를 선택하셨습니다. 인간이라는 존재가 없었을 때, 어떻게 이런 선택이 가능할까요? 분명한 것은 예정이 예수 그리스도보다 앞설 수 없습니다. 예정은 그리스도 안에 있는 것입니다. 예정설을 너무 강조한 나머지 한번 예정된 것은 하나님도 어쩔 수 없다는 식으로 말하는 사람들이 있습니다. 하나님은 예정설 위에 계신 분입니다. 우리가 태어나기도 전에 하나님으로부터 선택받을 수 있는 것은 바로 예수 그리스도 안에 있을 때 가능합니다. 이것을 우리는 구원 받았다고 말하는 것입니다.

구원이 시간적으로나 과정적으로 복잡한 것처럼 보입니다. 그러나 그 누구든지 주의 이름을 부르는 자는 구원을 얻습니다롬 10:13. 얼마나 간단합니까? 주의 이름을 부르면, 구원을 받게 되고 그리스도 안에서 천지창조 이전에 택함을 받게 됩니다. 똑바로 서서 두 손을 입에 대고 하늘을 향해 "예수님, 예수님은 나의 주님이십니다."라고 부르면 됩니다. 어린아이와 같지 않으면 천국에 들어갈 수 없다고 성경은 말합니다마 18:3.

행복이란

늦은 저녁이었습니다. 오늘은 마을 쉼터에서 행복한 마을 만들기 추진위원회이하, 행만추 모임이 있는 날이었습니다. 쉼터에 도착해 보니, 사람은 없고 가로등과 그 주위를 정신없이 맴돌고 있는 나방들이 저를 맞아주었습니다. 멀리서 개 짖는 소리가 들려왔습니다. 깊고 고요한 밤에 이미 잠자리에 든 농부들의 코고는 소리가 들리는 듯 했습니다. 가끔 밤에 농가를 방문해 보면, 텔레비전을 켜둔 채로 잠자고 계신 어르신들을 보곤 했습니다. 시계추처럼 반복되는 삶 속에서 어떤 생각과 희망을 가지고 있을까를 생각하면 마음이 먹먹합니다.

마을 쉼터 문을 열고 들어서서 형광등을 켜고 보니 이미 누군가 왔다간 흔적이 있었습니다. 소주병 두 개가 아무렇게나 뒹굴고 있고 막걸리 통도 쓰레기통 옆에 있었습니다. 안주로는 마른 오징어를 먹었는지 상 위에는 몇 개가 굴러다니고 있었습니다. 술병들을 치우면서 혼잣말로 짜증을 부리려다가 참았습니다. 어지러운 방을 정리하고 빗자루로 바닥을 쓸었습니다. 그리고 곧 모여들게 될 행만추 위원들을 위해 커피 포터에 물을 올려놓고 끓였습니다. 사랑한다는 것과 섬긴다는 것은 사심을 버리고 끝없는 자기희생이라는 생각을 하면서 소망을 품어 보았습니다.

제일 먼저 노제이골에 사는 김성환 씨가 왔습니다. 서울에서 의류업을 하다가 이제는 고향에 와서 한우를 키우면서 살아가고 있습니다. 천성적으로 착하고 배려하는 마음이 큽니다. 노모老母와 함께 살아가고 있고 마을을 위해 최선을 다해서 봉사합니다. 요즘 콧구멍에 무슨 바람이 들어갔는지 머리를 길게 기르고 다닙니다.

행만추 위원들이 하나둘씩 모여들었습니다. 농사철이라 심신이 지친 기색이 역력했습니다. 따뜻한 커피를 한 잔씩 마시면서 회의를 시작했습니다. 중요 안건은 바로 다음 날 있게 될 행복 마을 만들기 발표 경진 대회입니다. 올해 홍천군에서 행복한 마을 만들기 사업을 시작했고, 마을마다 지도자 교육을 5회에 걸쳐 실시했습니다. 이것을 토대로 마을별로 발표 대회를 열었습니다. 일등으로 선정되면 300만 원 상금도 있습니다.

발표할 내용들을 행만추 위원들과 처음부터 자세히 보면서 점검했습니다. 이렇게 한 이유는 꼭 발표를 위해서라기보다는 앞으로 우리 마을을 실질적으로 행복한 마을로 만들기 위해서였습니다. 모두 점검하고 난 후에 발표자를 선정했습니다.

"내일 누가 발표할까요?"라고 말하자 표정들이 당연히 행만추장인 제가 해야 한다고 하면서, "반장님이 하세요. 당연히 추진위원장님이 하셔야죠."라고 옆에 있던 수염을 덥수룩하게 기른 김 씨는 입술을 옆으로 씰룩거리면서 말했습니다.

"목사님이 하세요. 목사는 원래 말 잘하잖아요."

발표는 파워포인트 파일로 해야 하기에 준비해 온 제가 하기로 했습니다.

발표 경진 대회 날이 왔습니다. 행만추 위원들과 발표 장소가 있는 면사무소로 갔습니다. 우리 화촌면에는 총 18개 리里가 있는데 다른 마을들은 거의 포기하고 4개 리만 나왔습니다. 각 마을마다 대회를 치르고자 하는 비장한 분위기가 느껴졌습니다.

그동안 행복한 마을 만들기 사업에 대한 강의를 해 주신 강사님이 경진 대회의 심사 규정을 말했습니다. 심사위원은 면장님, 강사님, 각 마을 이장님들이셨습니다. 발표 순서는 한글 자음 순서에 의해 제가 먼저 하기로 했습니다. 제가 앞에 나가자 우리 마을 사람들이 "도심리, 파이팅!" 하고 소리 높여 외쳤습니다. 정해진 발표 시간에 맞추어 신중하게 잘 발표했습니다. 발표를 마치자 모든 청중이 박수를 보내 주었습니다. 우리 마을 사람들도 시작할 때처럼 "브라보, 브라보!" 소리를 지르며 좋아했는데, 좀 지나치다 싶었습니다.

모든 발표가 끝나고 심사 결과를 기다리고 있었습니다. 강사님은 발표한 마을마다 촌평을 했습니다. 우리 마을은 발표 내용이 좋고 하려는 의지가 보이고, 특별히 행만추를 만든 것이 너무 잘했다고 평해 주셨습니다. 심사 결과 우리 마을이 일등을 했습니다. 그동안 함께 모여서 토의하고 수고한 결과였습니다. 다들 기뻐하면서 저에게 와서 악수를 했습니다. 다른 마을 사람들까지 와서 칭찬해 주었습니다. 김 씨가 제 등으로 와서 귀에다 대고 한마디 했습니다.

"역시, 목사는 말 잘해."

모두의 얼굴이 상기되었고, 면사무소 옆에 있는 순대 국밥집에 가서 점심을 즐겁게 먹으면서 행복한 덕담을 나누었습니다.

행복을 찾아 나서는 여행이 시작되었습니다. 서로 끌어주고 서로 안아주고 서로 밀어주면서 행복을 찾아 나설 것입니다.

행복이 무엇일까요?

행복은 어떻게 얻을 수 있을까요?

행복은 어디에 있을까요?

저는 행복이란 바로 '나'라는 존재를 발견하는 것이라고 믿습니다. '나'라는 존재를 발견하고 그 존재의 역할과 의미를 발견하는 것이 행복입니다. '나'라는 존재는 작지만 위대합니다. 꼭 밤하늘에 별과 같습니다. 별은 보기에 작지만 실제로는 어마어마하게 큽니다. 하나님은 셋째 날 육지히브리어 '에레츠(אֶרֶץ)', Land, Earth 창 1:10를 창조하시고, 그 가운데 있는 가루로 된 티끌히브리어 '아파르(עָפָר)', Dust 창 2:7로 사람을 만드셨습니다. 인간의 시작은 매우 작은 티끌에서 시작했습니다. 그런 인간을 하늘의 별처럼 만들어 주시겠다고 약속하셨습니다.

"많은 사람을 옳은 데로 돌아오게 한 자는 별과 같이 영원토록 빛나리라(단 12:3)."

밤하늘의 별은 방향을 알려줍니다. 나그네들에게 별은 나침반과 같습니다. 망망대해에서 어부들은 별을 보고 방향을 잡습니다. 별은 가만히 있지만 자기의 역할을 하고 있습니다.

자아 발견은 하나님 안에서만 알 수 있습니다. 왜냐하면 우리가 하나님께로부터 나왔고 하나님께로 돌아가기 때문입니다롬 11:36. 참된 나의 존재의 발견은 오직 하나님에 의해서만 이루어집니다. 참자아를 발견해야 자기 존재의 역할을 발견할 수 있습니다. 이것이 행복입니다. 그러므로 행복은 멀리 있지 않습니다. 바로 나와 함께 있습니다. 아니, 그리스도 안에 있는 내가 행복입니다. 그래서 제 소망은 저 밤하늘의 별처럼 언제나 그 자리에서 세상을 비추는 작은 빛이 되는 것입니다.

황공

3년 전의 일입니다. 작은 홀아비 골짜기에서 사는 김정옥 집사님 댁에 갔다가 처음 보는 사람을 만났습니다. 제주도에서 온 유경동, 심금옥 부부였습니다. 그곳에서 소머리 국밥집을 하다가 과로로 건강상의 문제가 생겼습니다. '이렇게 하다가는 사람 죽겠다.' 싶어서 식당을 정리하고 육지로 올라와서 여기저기 떠돌다가 우리 마을에 들어왔습니다. 제주도가 고향인 저에게 반갑지 않을 수 없었고, 게다가 두 분 다 호랑이 띠로 나이도 같았습니다. 컨테이너로 임시 거처를 삼고 살았습니다.

한동안 잘 지내는 듯하다가 이웃과 다툼이 있고 나서 동네 인심 사납다고 하면서 다른 마을로 가 버렸습니다. 이사한 후에도 농사보다는 식당이 낫겠다 싶었는지 홍천읍 근처에서 능이오리 백숙집을 열었습니다. 가끔 식당에 들러서 사는 형편을 물었습니다. 그곳에서 장사가 잘 안되자 남편 유경동 씨는 다른 사람의 밭을 빌려서 더덕 농사를 지었습니다.

작년에 우리 마을 임 씨가 돌아가시면서 집이 비게 되었습니다. 이 부부는 이 집을 월세로 해서 다시 우리 마을로 들어왔습니다. 추수감사절 예배 때, 교회에 나온 이후로 주일 예배까지 참석하기 시작했습니다.

매년 12월에는 4주 성경공부가 있습니다. 수요일마다 성도의 가정을 돌면서 성경공부를 했습니다. 올해 성경공부 주제는 '성도의 교제'였습니다. 사도신경에도 "나는 성도의 교제를 믿습니다."라는 고백이 있습니다. 성경공부의 두 번째 집은 유경동 씨가 원해서 그의 집에서 했습니다. 누가 성도인가를 공부하면서 이 부부에게 복음을 제시하고, 예수 그리스도를 영접시켰습니다. 두 분은 예수 그리스도를 구주로 고백하고 믿기로 작정했습니다. 그래서 우리는 그때부터 예수 그리스도 안에서 이 부부를 성도로 부르기로 했습니다. 유경동 씨에서 유경동 성도로 부르기로 했습니다. 성도의 교제가 확장되는 순간이었습니다.

4주 성경공부를 마칠 때 개근한 성도들에게 성경구절이 새겨진 예쁜 수건을 선물로 주었습니다. 두 분도 개근상을 받았습니다. 성경공부에 대한 소감을 물었습니다. 유경동 성도가 말했습니다.

"제가 어렸을 때, 저의 마을에 어떤 분이 오셔서 산에 동굴을 파고 입구에 십자가를 세우고 살았습니다. 동네 아이들을 불러 모아서 노래도 가르쳐 주고 성경을 가르쳐 주었습니다. 그때 불렀던 찬송가를 지금도 기억하고 있습니다. 서울에 있을 때는 여의도에 놀러갔다가 순복음 교회에서 예배드린 적이 있습니다. 그냥 놀러간 것입니다. 그런데 이번에 성경을 공부하면서 성경을 잘 이해하게 되었습니다. 목사님이 설명을 너무 잘해 주셨어요. 목사님 설교도 잘 이해할 수 있어요. 그리고 좋은 성도님들을 만나게 되어서 너무 좋아요."

다음으로 심금옥 성도님이 소감을 말했습니다.

"저는 교회에 가는 것이 싫었습니다. 교회 다니는 사람들이 너무 싫었기 때문입니다. 제 남편 보고도 교회 가려면 혼자 가라고 했습니다. 그런데 남편을 따라서 교회 한번 나왔다가 예배 시간에 심 권사님의 대표 기도를 들으면서 저도 모르게 눈물이 그렇게 났습니다. 그래서 이렇게 나오게 되었습니다."

성령께서 그들의 마음에 감동을 주었습니다. 강이종 집사님이 이분들에게 성경을 선물로 주셨습니다. 성경공부 중에도 성경을 찾고 읽을 때마다 색연필로 표시를 했습니다. 얼마나 열심히 공부하는지요. 듣는 것도 진지하고 질문에 대답도 매우 적극적이었습니다.

성탄 이브에 성도들이 모여서 성탄 저녁송 마을 돌기를 준비했습니다. 올해는 특별히 강광석 성도님의 색소폰 연주까지 있었습니다. 마을 주민들도 우리를 기쁘게 맞이해 주었습니다. 성탄송을 한 후에 축복의 인사를 건넸습니다.

"메리 크리스마스! 새해 복 많이 받으세요."

유경동 성도님은 선물을 전달하는 역할을 충실히 감당했고, 심금옥 성도님도 선물을 전하면서 "교회에서 꼭 뵈요!"라고 말을 건넸습니다.

'어떻게 이들이 주님께 돌아올 수 있었을까?'라는 질문 앞에 제가 할 수 있는 말은 아무것도 없습니다. 제가 한 일은 거의 없기 때문입니다. 합력하여 선을 이루시는 하나님이 모든 상황, 사람을 통해 천하보다 귀한 이분들의 영혼을 찾으셨습니다. 저는 단지 그 열매를 가슴에 안을 뿐입니다.

작은 마을 베들레헴 주변 들판에서 밤에 자기 양 떼를 지키던 목자들이 있었습니다눅 2:8. 이름 없는 자들입니다. 집도 없이 여지저기 떠돌아다니는 자들이었습니다. 양만 보고 살아온 자들입니다. 어느 날 밤, 주의 천사가 나타나서 온 백성에게 미칠 큰 기쁨의 좋은 소식, 그리스도의 탄생을 그들에게 전했습니다. 또한 갑자기 셀 수 없이 많은 천사가 나타나서 합창을 합니다.

> "지극히 높은 곳에서는 하나님께 영광이요 땅에서는 하나님이 기뻐하신 사람들 중에 평화로다(눅 2:14)."

하나님의 행하심이 놀랍지 않습니까? 무명의 목자들이 어떻게 이런 황공惶恐스러운 기회를 가질 수 있었을까요? 양을 치던 이들은 진짜 양이신 예수를 보았습니다. 낮고 천한 자에게, 신심이 옅은 자에게, 단순히 자기 일에 몰두해 있는 자에게, 예상하지 못하던 때와 장소에서 하나님은 오셔서 당신을 나타내십니다. 저는 오늘 이런 황공스러운 대면을 기대합니다.

2부

땅

강아지 꼬리

골짜기 아래에서 자동차 소리가 요란하게 들려왔습니다. 잠시 후, 흙먼지를 잔뜩 날리면서 머위골에 사는 천수 씨가 트럭을 몰고 올라왔습니다. 점점 다가오는 트럭의 모습이 꼭 화난 사람의 얼굴처럼 보였습니다. 천수 씨는 트럭에서 내리면서 단단히 벼르고 왔다는 표시로 있는 힘을 다해 차 문을 닫았습니다. 얼굴은 빨갛게 상기되어 있었고 눈동자에도 엄청난 힘이 들어가 있었습니다. 그때 저는 선교사님 몇 분과 교회 앞마당에서 대화를 나누고 있었습니다. 천수 씨는 저를 발견하자마자 소리를 질러댔습니다.

"목사님네 개가 우리 흑염소를 물어 죽였어요."

"애들에게도 덤벼들이서 얼마나 놀랐는지 모릅니다."

"개 좀 묶어 놓으세요. 기가 막혀서 …"

저는 개를 묶어 놓지 않고 기릅니다. 집이 마을로부터 꽤 떨어져 있기 때문에 개들이 좀처럼 마을에 내려가지 않습니다. 그런데 오늘 우리 개들이 서로 어울려 아래 마을에 갔다가 천수 씨의 흑염소를 물어 죽였습니다. 그에게 미안하다는 말을 거듭하면서 변상해 주기로 하고 돌려보냈습니다.

우리 집 개 중에 '감사'가 흑염소를 죽였습니다. '감사'는 자기의 잘못을 눈치채고 원두막 밑에 들어가 숨었습니다. 그런데 선교사님 중에 한 분이 옆에서 천수 씨와의 대화를 듣다가 갑자기 각목 하나를 집어 들더니 버릇을 고쳐주어야 한다고 하면서 '감사'에게로 갔습니다.

"동물인 주제에 사람을 물려고 했어! 도저히 용서할 수 없어!"

원두막 밑에 기어들어가 있는 '감사'를 각목으로 인정사정없이 내리쳤습니다. 이 일은 제가 천수 씨를 달래고 돌려보내는 사이에 일어났습니다. 천수 씨가 트럭을 몰고 돌아가는 것을 보고 난 후에 와 보니 원두막 쪽에서 "깨갱깨갱" 개 울음소리가 애절하게 들려왔습니다. 급하게 달려가 보니, '감사'는 이미 맞을 만큼 맞아서 얼굴이 피로 붉게 물들어 있었고, 특별히 눈은 제대로 뜰 수 없을 정도로 일그러져 있었습니다. 꼭 권투 선수가 잔뜩 얻어맞고 얼굴이 붓고 피가 흘러내린 것과 같았습니다.

그 선교사님은 여전히 혈기가 가라앉지 않았습니다. 때리고 난 후에 버려진 각목을 본 순간 너무 놀랐습니다. 각목 끝에 못이 박혀 있었기 때문에 날카로운 못이 '감사'의 얼굴과 몸을 찢으면서 많은 피를 흘리게 했습니다. 선교사님의 말 속에서는 어떤 동정의 감정도 느낄 수 없었습니다.

"동물들은 버릇을 잘 들여야 돼."

"하나님의 형상인 인간에게 덤빌 생각은 아예 못하게 해야 돼."

제가 다가가자 '감사'는 저를 알아보고 처참한 모습으로 기어 나왔습니다. 개들이 좋아한다는 표시로 꼬리를 흔들 듯이 '감사'는 꼬리를 흔들면서 제 앞에 엎드렸습니다.

그 선교사님은 말 못하는 짐승의 버릇을 고친 것이 아니라 자신의 폭력적 감정을 그대로 나타냈습니다. 그것도 성경에 근거해서 자신의 폭력성을 정당화했습니다. '감사'의 모습을 보는 저의 눈에서는 눈물이 하염없이 흘렀습니다. 저는 '감사'의 목을 끌어안고 미안하다고 사과했습니다.

선교사님의 그런 마음은 어디로부터 온 것일까요? 필립 얀시는 말했습니다.

"복음주의자들이라고 하는 사람들이 동물에 대해서 혹은 자연에 대해서 이상하리만치 엄청난 잔인성을 가지고 있습니다."

동물을 비롯한 모든 자연 세계는 하나님의 모양과 형상을 따라 지음 받은 인간에게 완전히 복종해야 한다고 생각합니다. 하나님이 인간에게 자연을 정복하고 다스리라고 했기 때문에 자연에 대한 폭력 행사는 정당하다고 여깁니다. 이러한 신념이 하나님의 창조 세계에 엄청난 폭력을 가하게 됩니다.

우리 주님이 언제 그렇게 하라고 하셨습니까? 오히려 주님은 오늘 피었다 지는 들풀도 사랑하시고 공중의 참새 한 마리도 돌보고 먹이시는 분입니다.

마가복음 16장 15절 말씀에 "너희는 온 천하에 다니며 만민에게 복음을 전파하라."고 하셨습니다. 여기에서 "만민萬民에게"라는 단어는 헬라어로 "모든 피조물파세 테 크티세이(πάση τῇ κτίσει)"로 되어 있습니다. 영어 성경들 대부분도 "모든 피조물every creature"로 번역하고 있습니다KJV, RSV, NIV. 이 말씀에 의하면, 복음을 사람에게 뿐만 아니라 하나님의 모든 창조물에게도 전파해야 함을 말씀합니다. 한글로 성경을 번역할 때, 복음을 사람이 아닌 강아지에게도 전파해야 한다는 것이 불편해서 이런 번역이 생긴 것 같습니다. 주님은 복음이 사람에게만 국한된 것이 아니라 하나님의 모든 창조 세계로 확장해야 함을 말씀하셨습니다. 사랑한다면 사랑하는 사람에게 속한 것도 사랑해야 하는 것처럼 우리가 하나님을 사랑한다면 하나님께 속한 것도 사랑해야 합니다.

마을 농가를 방문할 때마다 저를 먼저 맞아 주는 것은 사람이 아니라 강아지들입니다. 마을 어르신들을 사랑하는 저의 목표 가운데 하나는 모든 강아지의 꼬리를 흔들게 만드는 것입니다. 이것은 사랑으로 얼마나 자주 그 집을 방문하느냐에 달렸습니다. 집 입구에 심겨져 있는 작은 앵두나무에 동그마니 묶여 있는 강아지를 물끄러미 바라보면서 그 집 주인을 생각합니다. 그러면 강아지의 얼굴을 통해 제가 주인을 얼마나 사랑하고 있는지를 마음으로 금방 알 수 있습니다. 지금까지 마을 강아지들의 90%의 꼬리를 흔들도록 만들어 놓았습니다. 나머지 10% 강아지들은 성질이 매우 까다롭습니다. 강아지의 꼬리가 흔들림이 클수록 마을 어르신들의 마음도 우리 주님께로 흔들림이 클 것입니다.

개똥벌레

지금도 시골에서는 마을 큰 행사에 돼지를 잡습니다. 우리 마을에서 돼지를 잡는 역할은 주로 옛 보건소가 있었던 논틀말의 고한구 씨의 몫입니다.

돼지 잡는 과정을 표현하기가 좀 잔인합니다. 돼지를 끌고 오면, 도끼로 머리를 내리칩니다. 돼지는 힘없이 쓰러집니다. 그러면 칼로 목을 단번에 벱니다. 그러면 돼지 목에서 피가 쏟아져 나옵니다. 끓인 물을 몸에 부으면서 부엌칼로 털을 벗겨 냅니다. 털을 다 벗겨 낸 후에 배를 가르고 내장을 꺼냅니다. 그 후에 몸의 각 부위를 잘라서 큰 고무통에 담습니다. 전체 걸리는 작업 시간은 세 시간 정도입니다.

부인네들은 솥에 물을 끓여 국거리를 준비하고, 남정네들은 숯불을 피우고 갓 베어 낸 돼지고기를 부위별로 굽기에 바빠집니다.

이날도 고한구 씨가 돼지를 잡았습니다. 곱창을 숯불에 구우면서 저에게 말을 건넸습니다.

"목사님, 저는 죽으면 지옥 갈 거예요."

"왜 그렇게 생각하세요?"

"저는 살생을 많이 했거든요."

"얼마나 많이 죽였는데요?"

"지금까지 돼지만 약 300마리 죽였을 겁니다. 여기에 소, 개, 닭까지 합치면 셀 수 없이 많이 죽였습니다."

비록 짐승이지만 죽인 것에 대해 죄책감을 가지고 있는 모양입니다. 시골 사람들은 살생하면 벌을 받는다는 의식을 가지고 있습니다. 여기에다가 불교의 윤회 사상을 가지고 있는 사람들은 짐승을 먼 친척쯤으로 여깁니다. 그 말을 옆에서 듣고 있던, 표고버섯을 재배하는 박 씨가 말합니다.

"형님, 그런 말씀 마세요. 형님 한 사람이 수고하므로 여러 사람이 즐거운 시간을 가질 수 있는 것이 얼마나 훌륭한 일인데요. 형님은 지옥이 아니라 천국 윗목에 갈 겁니다."

고한구 씨의 말을 들어보면 지옥에 갈 것 같고, 박 씨의 말을 들어보면 천국에 갈 것 같았습니다. 그 말을 듣고 있다가 제가 말했습니다.

"저만 잘 따라오세요. 그러면 천국에 갈 수 있습니다."

실실 웃으면서 말을 했지만 많은 설명이 필요한 부분입니다. 분명한 것은 사람에 의해서 천국과 지옥이 결정되는 것이 아닙니다. 저는 분명히 주님을 따라가고 있습니다. 그래서 내가 따라가는 주님을 따라간다면 주님이 계신 하나님 나라에 영원히 거하게 될 것입니다. 바울이 "내가 그리스도를 본받는 자가 된 것 같이 너희는 나를 본받는 자가 되라고전 11:1."고 말씀한 것과 같습니다.

참된 겸손의 사람을 찾아보기 힘든 시대에 살고 있습니다. 시골 농부들도 배운 것은 별로 없고 내세울 만한 것도 분명히 없는데 자기 세계에 사로잡혀서 다른 사람들을 무시합니다.

"지가 배우면 얼마나 배웠다고!"

"그건 인간도 아냐!"

자신은 죄를 실컷 지으면서도 다른 사람의 허물을 비판합니다. 하나님이 없고 자신이 중심이 된 사람들은 죄의 노예로 살아갑니다.

무더운 어느 여름밤이었습니다. 개똥벌레를 쫓았습니다. 개똥벌레는 공중으로 솟아올랐다가 다시 밑으로 내려오면서 미끄러지듯이 땅으로 내려왔습니다. 어둠 속에서 잡아보라고 저를 유혹했습니다. 캄캄한 밤하늘에는 별들이 반짝이고 땅에는 움직이는 별들이 반짝였습니다. 신기하기도 하고 호기심도 발동하여 개똥벌레를 쫓기 시작했습니다. 언덕을 오르기도 하고 개울을 건너기도 했습니다. 시커먼 밤에 오직 개똥벌레의 불빛만 보고 쫓다가 나뭇가지에 얼굴을 긁히기도 하고 돌부리에 걸리기도 했습니다. 밤인데 개똥벌레는 자기를 잡으러 오는 것을 보고 있는 것처럼 아슬아슬하게 제 손아귀에서 빠져 나갔습니다. 어둡기 때문에 개똥벌레가 나를 인식하지 못할 것이라 생각한 제가 바보가 되었습니다. 어두움 속에서 자기를 잡으려고 몰래 오는 저의 모습을 개똥벌레는 얼마나 우습게 보았을까요?

"만물보다 거짓되고 심히 부패한 것은 마음이라 누가 능히 이를 알리요 마는(렘 17:9)"

이 마음에서는 육신의 정욕과 안목의 정욕과 이생의 자랑이 있을 뿐입니다. 이것은 다 세상으로부터 온 것입니다 요일 2:16.

사람들은 자기 스스로 변호하면서 자신을 만들어 갑니다. 자기중심적이 된 영혼은 모든 짐을 홀로 감당해야 하기에 보이지 않는 중압감에 시달리게 됩니다.

'지금 내 생각이 잘못되었을 거야. 지금 내가 알고 있는 진리가 완전하지는 않을 거야. 나의 행동이 절대 옳은 것은 아닐 거야. 더 나아가서 나는 완전히 잘못되었을 거야. 나는 이 세상에서 얼마나 무익한 자인가.'

이런 생각을 가지고 주님 앞에 선다면 나 스스로 만들어 낸 불완전한 세상, 가치관, 진리는 사라지고 하나님이 만든 세계 속에서 참된 생명의 빛을 볼 수 있지 않을까요? 먼저 하나님 나라와 하나님의 의를 구하기 위해서는 나의 나라와 나의 의를 버려야 하지 않을까요?

꿈과 고난

늦은 밤, 한 사람씩 마을 경로당으로 모였습니다. 오늘은 행만추행복한 마을 만들기 추진위원회 회의가 있는 날입니다. 밭에서 일하다 왔기에 지친 모습이 역력했지만, 그보다 요즘 마을에 일어난 일들로 사람들의 얼굴이 어두웠습니다.

"반장님, 이래서 행복한 마을이 되겠어요? 행복한 마을 만든다고 하다가 불행한 마을 만드는 것 아니냐고 사람들이 말합니다."

"반장님, 그 사람 그렇게 안 봤는데 다시 보게 되었습니다. 뻔히 아는 거짓말을 합니다. 정말 실망입니다."

낙심한 얼굴로 '앞으로 어떻게 해야 하나?'라는 표정으로 고개를 숙인 채 누구 하나 말하려고 들지 않았습니다.

첫 번째 사건은 초복 때 개고기를 먹다가 일어났습니다. 개고기에

술이 들어가자 평소에 가졌던 감정을 드러내면서 김 씨가 던진 술병에 고 씨의 이마가 찢어졌습니다. 구급차에 실려 갈 정도로 큰 사고였습니다. 비록 서로 합의로 해결은 됐지만 마음의 상처로 고스란히 남았습니다.

두 번째 사건은 마을 경로당 주변에 있는 낙엽송을 자른 것이었습니다. 벌목한 것이 크게 문제가 된 이유는 국유지에 있는 나무였기 때문입니다. 산림청에서 알게 되었고, 마을을 대표해서 반장인 제가 경찰의 조사를 받고 마을 돈으로 벌금을 냈습니다. 나무를 자른 당사자는 경로당에 햇볕이 잘 들어오도록 하기 위해서 그리고 자른 나무를 마을 사람들에게 화목으로 나누어 주려고 했기에 자신은 잘못이 없다고 주장했습니다. 주민들 중에는 벌목은 자기가 좋아하는 사람에게 나무를 주기 위한 것이지 마을을 위한 것은 아니기 때문에 벌목한 사람이 조사받고 벌금을 내야 한다고 주장했습니다. 이 사건으로 벌목한 사람과 그에게 동조했던 사람들이 다른 주민들과 등을 돌리게 되었습니다.

세 번째 사건은 경로당 사용 문제였습니다. 휴가철에 경로당을 숙소로 대여해서 마을 기금을 마련하자는 의견이었습니다. 여기에는 우리 교회 집사님이 개입되었습니다. 집사님은 자기 편을 들지 않고 오히려 마을 주민의 편을 들었다고 저를 오해했습니다. 저 때문에 자신과 사이가 좋지 않은 사람이 더 사이가 멀어지게 만들었다고 말했습니다. 저에 대한 섭섭함으로 가득 차서 우리 교회를 떠나 전에 다니던 서울에 있는 교회로 갔습니다.

큰 시험 가운데 놓여 있는 우리 마을과 교회를 바라보는 저의 마음은 무거울 수밖에 없었습니다. 서로 사랑하는 행복한 마을을 만드는 꿈을 가지고 지금까지 잘해 왔는데 큰 장벽에 부딪혔습니다.

얼마 전에 말레이시아 교회 SIB보르네오 복음 교회 교단 초청으로 세미나를 다녀왔습니다. 세미나에서 우리 마을을 행복한 마을로 만드는 과정을 설명했습니다. 세미나를 마치자 여러 목회자가 새로운 도전이 되었다고 저에게 고맙다는 인사를 했습니다. 그 말을 듣는 저의 마음은 부끄러움으로 가득 찼습니다. 가끔 교회로부터 초청을 받아 설교와 특강을 할 때에 우리 마을과 교회를 자랑스럽게 소개해 왔습니다. 대체로 잘한 것만 보여 주고 말하기 때문에 목회를 매우 잘하고 있는 것으로 여깁니다. 그러나 안에 감추어져 있는 어려움, 고통, 부족함은 이루 말할 수 없이 많습니다.

행만추 회의를 마칠 즈음에 "우리 마을이 이랬으면 좋겠다."라는 기대를 한 사람씩 말했습니다.

"다른 사람의 말을 잘 들어주면 좋겠습니다."

"조급하게 여기지 말고 기다려주면 좋겠습니다."

"서로 싸우면서 편 가르기 하지 않았으면 합니다."

저도 한마디 했습니다.

"지금 우리가 당한 어려움은 더 행복한 마을이 되기 위한 과정이라고 생각합니다. 이럴 때일수록 묵묵히 각자에게 맡겨진 책임을 잘 감당했으면 합니다. 우리 각자에게 맡겨진 임무는 특권도, 자랑거리도 아닙니다. 오히려 한 알의 밀알처럼 섬기는 자리입니다."

회의를 하고 나자 한결 좋아진 분위기였습니다. 마을 분위기는 어둡지만 함께 의논하고 함께 고민하고 함께 해결책을 찾는 행만추 모임이 있다는 것이 소망의 열쇠와 같습니다.

갑자기 쏟아진 폭우에 시냇물이 불어났습니다. 제법 요란한 소리를 내면서 흐르는 물속에서 굴러가는 돌들의 소리도 들을 수 있었습니다. 웬만한 바위도 급류에 휩쓸려 굴러갔습니다. 돌들은 내려가면서 서로 깨어지고 다듬어집니다.

우리에게 고난이 없다면, 영적으로 성숙할 수 있을까요? 우리의 영적인 상태를 어떻게 점검할 수 있을까요?

"그 나라를 위하여 너희가 또한 고난을 받느니라(살후 1:5)."

하나님은 그의 나라를 위하여 우리의 고난을 사용하십니다He is using your suffering … 살후 1:5a, TLB.

우리 마을에서 발생한 사건들로 인해 하나님께 감사를 드리는 것은 이것이 저의 영적 상태를 점검할 뿐만 아니라 그동안 우리 마을 안에 잠재되어 있던 거짓과 탐욕을 제거하는 과정이 되었기 때문입니다. 저는 우리 마을이 하나님 나라로 이루어지는 꿈을 가지고 행복한 마을을 만들고 있습니다.

하나님 나라의 꿈을 이루어 가기 위해 하나님은 바로 고난을 사용하고 계십니다. 고난을 통해 우리의 꿈은 성취될 뿐만 아니라 순결해집니다.

밭

몇 년 전에 한 씨 아저씨 밭일을 도와주다가 돼지감자 몇 개를 얻어다 아래 밭에 심어 놓았는데 엄청난 속도로 퍼져 나갔습니다. 올봄에는 멧돼지가 돼지감자를 캐먹기 위해 밭을 죄다 뒤집어 놓았습니다.

아주 어렸을 때, 집 울타리에서 해바라기처럼 자라는 돼지감자를 보았습니다. 배고팠던 그 시절 날로 먹어 본 기억이 있습니다. 아삭한 식감으로 몇 번 먹어봤지만 맛이 별로여서 그 후로는 쳐다보지도 않았습니다.

돼지감자의 고향은 북아메리카이고 부르는 이름도 나라마다 다양합니다. 영어로는 '예루살렘 아티초크Jerusalem artichoke'이고, 프랑스에서는 줄기와 꽃이 해바라기처럼 보인다고 해서 '해바라기알뿌리hélianthe tubéreux'라고 부르고, 중국과 일본에서는 줄기가 국화 같이 생기고 뿌리는 토란 같다고 해서 '국우菊芋'라고 불렀습니다. 그런데 어느 나라에서도 그 이름에 '돼지'라는 말이 들어가지 않았는데, 우리나라에서는 돼지감자라고 부릅니다. 이것은 천하게 여겼거나 돼지들이나 먹는 것이기에 붙여진 이름 같습니다.

실제로 돼지들이 이 감자를 좋아합니다. 아무튼 돼지감자는 그동안 사람들로부터 인기도 없었고 식품으로 인정받지도 못했습니다. 그러다가 요즘에 새롭게 각광 받는 식물이 되었습니다. 이유는 당뇨에 좋은 천연 인슐린인 '이눌린inulin'이 많이 함유되어 있기 때문입니다.

돼지감자의 조리법도 다양해졌습니다. 장아찌를 담그거나 갈아서 요구르트와 함께 먹기도 하고, 달여서 먹거나 샐러드로 먹기도 하고, 밥에 넣어 먹기도 합니다. 당뇨에 효과가 있을 뿐만 아니라 체지방을 분해하기 때문에 다이어트에도 효과가 있습니다.

천대받던 돼지감자가 귀하게 여김을 받는 날이 왔습니다. 돼지감자는 그대로인데 시대가 변해서 귀한 것이 되었습니다. 그러나 원래부터 귀한 하나님의 피조물입니다.

돼지감자를 캐느라 호미로 찬찬히 파들어 갔습니다. 돼지감자를 뚱딴지라고도 부릅니다. 돼지감자를 캐보면 생김새가 제각각인 것이 엉뚱하게 생겼습니다. 밭의 흙을 걷어내면 신비한 생명체인 뚱딴지가 있습니다.

밭 속에는 돼지감자뿐만 아니라 옛날에 화전민들이 이곳에서 살면서 사용했던 사기그릇, 질그릇, 시루 조각들도 있습니다. 그릇 조각을 옷으로 문질러 닦고는 여기저기 살펴보면서 그들의 삶의 모습을 아련히 그려 보았습니다.

심지어 밭에서 총알과 탄피도 나왔습니다. 6·25 때, 이곳에서 전쟁이 있었던 흔적입니다. 구리 녹이 슨 탄피를 보면서 전쟁의 장면을 상상해 봤습니다. 호미로 밭을 파면서 금덩어리 혹은 오래된 유물 같은 것에 야릇한 기대를 가져 보았습니다. 밭은 인간 삶의 흔적을 간직하고 있습니다.

예수님은 하나님 나라를 밭에 감추어져 있는 보화에 비유하셨습니다마 13:44. 여기서 보화헬, 데사우로스: θησαυρος는 금덩어리 한두 개가 아니라 보물단지를 의미합니다.

땅 한 평 없던 한 가난한 농부가 밭을 얻어서 농사를 지어 먹고 살았습니다. 어느 날 괭이로 밭을 파고 있었는데, 그 끝이 돌에 걸렸습니다. 농부는 괭이로 돌을 파내려고 더 깊이 땅을 파 들어갔습니다. 그것은 돌이 아니라 작은 단지였습니다. 밭에 단지가 있다는 것이 너무 뜻밖이었습니다. 호기심으로 단지 뚜껑을 열었을 때, 농부는 너무 놀라 뒤로 자빠질 뻔 했습니다. 그 안에 각종 보물이 있었기 때문입니다. 황급히 흙으로 단지를 덮고 전과 동일한 밭으로 만들었습니다. 집에 돌아와서 부인과 상의하지도 않고 자신이 가진 모든 것을 처분했습니다. 밭주인에게 가서 그 밭이 꼭 필요하니 팔 것을 간곡하게 요청했습니다. 만약 그 사람이 보물단지만 사겠다고 밭주인과 흥정했다면 절대 살 수 없었을 것입니다.

이 농부가 그 밭을 사고 난 후에 모습을 상상해 보십시오. 우리 인생 자체가 밭과 같습니다. 우리는 밭에서 일하고 밭에서 먹고 밭에서 평생 살아갑니다. 그런데 우리 인생의 밭에 보물단지인 하나님 나라가 감추어져 있습니다. 이제 우리는 흙을 걷어내고 보물단지를 발견해야 합니다.

부활절 감사 예배를 마을 주민들과 함께 드리면서 부활의 주님의 이름으로 한 분 한 분의 이름을 부르면서, 밭과 함께 살아가는 저들에게 밭에 감추어져 있는 보물단지인 하나님 나라를 발견할 수 있게 해 달라고 간절히 기도했습니다.

"김려수, 김영자 님에게 자비를 베푸소서. 손으로 하는 모든 것에 복을 주시고 오미자가 잘 결실하게 하소서.

김충기, 안영옥 아주머니를 부활하신 주님이 도와주셔서 아픈 무릎을 치료하소서.

박동수 씨에게 선한 마음을 주셔서 행하는 모든 일이 하나님과 이웃의 기쁨이 되게 하소서.

신정숙 아주머니에게 큰 자비를 베푸셔서 심장을 튼튼하게 하시고, 아들 이천행 님의 정신질환도 고쳐 주소서.

한규석 아저씨의 심한 당뇨를 치료해 주소서.

홀로 계신 허남준 아주머니에게 부활의 주님이 함께하셔서 영생의 복을 누리게 하소서.

김석환 님을 긍휼히 여기사 농산물과 한우를 축복하셔서 좋은 일들이 많이 일어나게 하소서.

박영진 … 김승기 … 최종하 … 최기순 … 윤영배 ….”

불신

우리 마을에 '한우리'라는 토종 흑돼지 농장이 있습니다. 마을 가장 위쪽에 있는 갈밭골에 위치하고 있습니다. 동네 사람들은 그곳을 향해 늘 입을 삐죽거립니다. 돼지농장 때문에 냄새가 나고 하천이 오염되기 때문입니다. 돼지농장에서는 철저히 관리하기 때문에 문제없다는 태도입니다.

작년 여름에 돼지농장 때문에 한바탕 소동이 벌어졌습니다. 장마가 계속되면서 동네를 가로지르며 흐르던 시냇물에서 역겨운 냄새가 났습니다. 돼지농장에서 분뇨를 시냇물로 흘려보냈기 때문입니다. 마을 사람들과 돼시농장 사람들 간에 고성이 오가고 군청에서는 환경과 직원이 나왔고 파출소에서는 경찰까지 출동했습니다. 그동안 서로 가졌던 불신의 감정이 폭발했습니다. 다리가 유난히 짧은 돼지농장 검둥개도 이리저리 촐싹거리면서 눈알을 번뜩번뜩하며 보는 사람들마다 짖어댔습니다.

이 농장의 안주인은 최병순 아주머니입니다. 5년 전에 아저씨는 돈사를 수리하기 위해 지붕에 올라갔다가 떨어져 사망했습니다. 지금은 둘째 아들이 돼지농장을 운영하고 있습니다.

몹시 춥고 눈이 많이 온 주일이었습니다. 성도들이 교회에 올라올 수 없어서 김정옥 성도님 댁에서 주일 예배를 드렸습니다. 김정옥 성도님은 작년에 예수를 믿고 세례를 받았습니다. 방바닥이 옛날처럼 구들로 되어 있어서 따끈따끈했습니다. 예배를 마치고 점심식사를 하고 있는데, 최병순 아주머니가 오셨습니다. 식사를 마치고 따뜻한 구들방에 앉아서 아주머니와 길게 대화를 나눌 기회가 있었습니다. 아주머니는 자신의 살아온 인생을 이야기하면서 감정을 억제하지 못하고 가끔 깊은 한숨과 눈물을 보였습니다. 말미에 아주머니에게 복음을 전하고 싶은 마음이 들었습니다.

“아주머니, 이 세상의 삶은 잠깐이고 우리에게는 영원한 세상이 있는데, 바로 하나님 나라입니다. 예수를 믿으면 갈 수 있습니다. 하나님 나라는 영원한 나라이고 눈물, 죽음, 고통, 질병이 없는 곳입니다.”

“그런 곳이 있다고? 만약 그런 곳이 있다면 정말 좋겠네. 그런데 누가 거기에 가 봤나?”

이 말속에는 그런 곳이 있을 리가 없고 진짜 있다면 가고 싶다는 느낌을 받았습니다. 멀지 않은 날에 교회에 나오기로 약속한 아주머니의 손을 잡고 성도들과 함께 기도했습니다.

우리 마을에는 저의 특별한 애인들이 있습니다. 재작년에 위암으로 남편을 여윈 허남옥 할머니, 7년 전에 농약을 먹고 자살한 남편을 떠나보낸 심정희 할머니, 오래 전에 남편을 잃은 이승미 할머니, 이들 모두 홀로 되신 분이면서 우리 마을에 몇 안 되는 토박이들입니다. 이분들을 모시고 홍천읍에 나가서 화끈한 동태 찜을 대접해 드렸습니다.

"난생 처음 먹어 보네."

"정말 매운데!"

어린아이들처럼 좋아하면서 맛있게 드셨습니다. 꿈에 할아버지가 뚱뚱한 젊은 여자를 데리고 왔다고 이승미 할머니가 웃으면서 말씀하셨습니다. 그러자 옆에 있는 심정희 할머니가 눈꼬리를 올리면서 말했습니다.

"색시 얻고 새장가를 간 게로군!"

"그동안 도심리 마을에서 살아오면서 고생을 많이 하셨고, 이 마을을 지금까지 지켜 주셔서 감사하는 마음으로 제가 대접하는 것입니다. 저의 한 가지 소원이 있다고 하면 예수 믿고 저와 함께 천국에 갔으면 좋겠습니다."

"그런 곳이 있다면 얼마나 좋을까?"라고 말하면서 결코 믿을 수 없다는 표정을 짓습니다.

너무 좋으면 믿어지지 않습니다. 너무 좋은 것은 사실로 판명되어도 한동안 믿지 못합니다. 우리가 하나님 나라에 갔을 때도 한동안은 붕어의 동그란 눈처럼 어안魚眼이 벙벙할 것입니다. 우리의 불신은 상황이 나빠서라기보다는 오히려 너무 좋기 때문에 생겨날 수 있습니다. 만약 내가 어떤 불신에 봉착해 있다면 그것은 너무 좋기 때문일 수 있습니다.

예수님의 제자들은 예수님과 대략 3년을 함께 지냈습니다. 그들은 예수님께 그들 인생의 모든 것을 걸었습니다. 예수님은 능히 그럴만한 분이셨습니다. 그런데 예수님이 십자가에서 무기력하게 돌아가셨습니다. 제자들의 실망은 이만저만이 아니었습니다. 제자들은 주님과의 추억을 뒤로 하고 자신들이 가졌던 과거의 직업으로 다시 돌아가려고 했습니다. 그런데 죽음에서 부활하신 주님이 그들 앞에 나타났습니다. 그들은 믿을 수가 없었습니다. 누가복음에서는 이런 제자들의 모습을 다음과 같이 표현합니다.

"저희가 너무 기쁘므로 오히려 믿지 못하고(눅 24:41, 개역한글)"

제자들 눈앞에 예수님이 보임에도 불구하고 그들은 믿지 못했습니다. 그 이유는 너무 기뻤기 때문입니다. 야곱도 비슷한 경험을 합니다. 야곱은 사랑하는 아들 요셉이 죽은 줄만 알았다가 23년 만에 생존 소식을 형들로부터 듣게 됩니다. 야곱은 한동안 불신의 태도를 가졌습니다. 야곱이 "그들을 믿지 아니하므로 기색氣塞하더니창 45:26, 개역한글"에서 '기색氣塞'이라는 뜻은 한문자 그대로는 '기가 막히다'이고, 국어사전에는 '심한 충격이나 흥분으로 호흡이 일시적으로 멎음'입니다. 히브리어로는 '프위그פוג, pûwg'라고 하는데 '마비되다'의 뜻이 있습니다. 야곱은 꿈만 같아서 믿을 수 없고 너무 좋아서 마비된 상태에 빠졌습니다.

불신은 언제나 나의 믿음을 넘어서기를 요구합니다. 도마의 불신 너머에는 예수님이 계셨습니다. 불신의 문은 나에 의해서 열리는 것이 아니라 하나님의 은혜로 열립니다. 저는 오늘도 불신 앞에 서서 발뒤꿈치를 들고 불신 너머에 있는 주님의 신비를 바라봅니다.

비교

오늘은 우리 마을이 소풍가는 날입니다. 매년 가을마다 선진지 견학이라는 행사를 가집니다. 그동안 우리 마을이 '행복한 마을 만들기 프로젝트'를 진행하면서 우리보다 먼저 마을 만들기를 하고 있는 곳을 방문해서 배움의 시간을 가져왔습니다. 덤으로 관광도 하고 맛있는 음식도 먹으면서 주민들이 함께 즐거운 하루를 보냅니다. 가을걷이로 한창 바쁜 때이기는 하지만 이날만큼은 모두 시간을 내서 다녀옵니다.

관광버스가 마을 쉼터로 들어섰습니다. 어르신들이 얼굴에 홍조를 띤 채 삼삼오오 도착했습니다. 무릎 관절 때문에 일주일에 서너 번은 시각 장애인이 운영하는 침술원에 다닌다는 이순복 할머니가 머리를 곱게 빗어서 묶고 빨간 잠바를 입고 오셨습니다. 귀가 잘 들리지 않고 폐가 좋지 않아서 통원 치료를 받고 계신 박 씨 아저씨도 검은 중절모를 쓰고 나오셨습니다. 신 씨 할머니는 얼굴에 화장을 했는데, 흰 크림이 귀밑과 턱 아래쪽까지 칠해지지 않아서 얼룩이 진 것처럼 보였습니다. 야외 나들이를 간다고 하니 모두 최선을 다해 예쁘게 차려입고 나오셨습니다.

이번 전체 진행은 행복한 마을 만들기 추진 위원회의 주민화합분과장인 차용근 목사님이 맡았습니다. 우리 마을에 방주노인복지원이 있는데 그곳의 원장님이십니다.

마을 이장님이 주민들을 격려하기 위해서 음료수 박스를 들고 오셨습니다. 통통한 굼벵이같이 생긴 관광버스가 앞뒤로 몇 번을 꿀렁꿀렁하며 오가더니 마을을 천천히 빠져나갔습니다. 마이크를 잡고 오늘 행사에 대해서 소개하며 행복하고 즐거운 시간이 되기를 바라는 당부의 말을 하고 수고하실 운전기사님을 소개했습니다. 몸은 외소한데 큰 관광버스를 운전하는 것이 신기하게 보였습니다.

마을을 빠져나와 큰길로 들어서자 부녀회 회원들이 준비한 김밥과 음료수와 과일, 사탕, 바나나 말린 것이 들어 있는 봉지를 나누어 주었습니다. 서로 덕담을 나누는 모습이 매우 행복하게 보였습니다.

가다가 휴게소에 들렀습니다. 좀 젊은 분들은 연세 드신 어르신들을 모시고 화장실에 다녀왔습니다. 좋아서 들떠 있는 모습이 꼭 어린아이들과 같았습니다.

버스는 설악산 한계령을 넘어가고 있었습니다. 가을이라 산행을 하기 위해 온 등산객이 많았습니다. 오색약수터를 지나 십여 분을 가자 첫 번째 행선지인 송천떡마을이 나타났습니다. 송천떡마을은 떡을 만드는 체험 마을입니다. 체험비를 내고 만든 떡은 가져갑니다. 우리 마을에서는 1년에 두 번은 떡판에 떡을 쳐서 인절미를 만들어 먹습니다. 그 마을 지도자의 강의를 통해 마을이 어떻게 변화해 왔는지 들었습니다. 지자체로부터 사업비 지원도 받아서 연 매출이 십 억대를 넘어섰습니다.

다음으로 간 곳은 황룡산채비빔밥 마을이었습니다. 이 마을에서는 나무를 깎아 만든 함지박에 밥과 산채를 종류별로 넣고 직접 손으로 비빔밥을 만드는 체험을 했습니다. 강원도 산골 마을에서는 쉽게 할 수 있는 사업입니다. 이곳에서도 강의를 통해서 그동안의 마을의 유래를 들었습니다. 강의 후 질문 시간을 통해 마을 만들기의 어려움들을 언뜻언뜻 느꼈습니다. 이것이 큰 배움이었습니다.

체험을 마치고 속초로 가서 건어물 시장에서 장을 보고 저녁은 바다 향이 가득한 회를 먹었습니다. 돌아오는 길에 우리 마을 오락부장인 김영수 씨가 마이크를 잡고 노래와 춤으로 흥을 돋우었습니다. 버스가 어둠을 뚫고 마을 입구로 들어섰습니다. 마이크를 잡고 일정을 정리했습니다. 우리 마을도 한 마음으로 힘을 합치면 세계에서 가장 행복한 마을을 만들 수 있다는 격려의 말과 구호를 외쳤습니다. 사랑의 마음을 함께 나누고 격려하는 행복한 하루였습니다.

방문한 마을에 대한 소감을 여러 주민에게서 들었습니다. 귀촌한 김 씨가 술기운이 가득한 얼굴로 말했습니다.

"목사님, 팔도를 돌아다녀 봐도 우리 마을처럼 단합이 잘되고 행복한 마을은 없어요. 오늘 방문한 마을들보다 우리 마을이 훨씬 났습니다."

평상시에 어르신들로부터 듣는 가장 가슴 아픈 말은 다른 마을과 비교하면서 도심리는 살 곳이 못된다고 할 때입니다. 비교의 관점으로 우리 마을을 봅니다.

비교는 두 가지 방향으로 나타납니다. 하나는 좌절감입니다. 비교해서 다른 사람보다 못났다고 생각이 되면 스스로를 비천하게 여깁니다. 이것은 삶의 의욕을 잃어버리게 만들고 그럭저럭 살아가도록 자신을 방치합니다.

다른 하나는 우월감입니다. 비교해서 다른 사람보다 낫다고 여기면 한없이 자신을 자랑합니다. 이런 우월감은 다른 사람을 무시하고 분리하도록 만듭니다.

비교에는 기준이 있어야 합니다. 만약 그 기준이 우리가 만들어 놓은 것이라면 얼마나 거짓되고 부끄러운 것이 될까요?

"그들이 자기로써 자기를 헤아리고 자기로써 자기를 비교하니 지혜가 없도다(고후 10:12)."

만물은 하나님으로부터 나왔기에 비교의 존재가 아닙니다 고전 8:6. 나는 세상에 하나밖에 없는 존재이기에 비교의 대상이 아닙니다. 우리가 믿는 하나님은 유일하시면서 비교할 수 없는 존귀하신 분입니다.

참된 지혜는 비교의 덫을 던져버릴 때, 얻을 수 있습니다.

숫자

"우리 마을에도 낮에는 열심히 일하고, 밤에는 기도하고 예배드렸으면 좋겠어요."

제가 도심리 마을에 온지 6년째 되던 해, 마을 주민 중에 한 분이 제게 한 말입니다. 이 말이 도심리교회가 세워지는 계기가 되었습니다.

2011년, 강원노회에 가입하면서 설립 예배를 드렸습니다. 당일에 이슬비가 내렸습니다. 설립 예배 순서를 맡으신 목사님들이 교회로 올라오는 언덕길에 차가 미끄러지면서 중간에 멈춰버렸습니다. 비포장 언덕길을 걸어 올라오면서 목사님들과 대화하는 내용을 들었습니다.

"아니 이런 곳에 교회를 개척한다는 것이 말이 돼. 누가 이런 험한 곳에 올 수 있을까?"

작년 봄에 장신대 예배 시간에 설교를 한 적이 있습니다. 설교의 내용은 도심리교회 개척 이야기였습니다. 이 설교가 도전이 되었는지 저희 교회를 방문하는 신학생들이 가끔 있습니다. 교회를 찾아와서 놀라는 것 중에 하나는 산골짜기에 교회가 위치해 있는 것입니다. 어떻게 이곳에 오게 되었는지, 교회를 어떻게 개척하게 되었는지, 추구하는 비전은 무엇인지 등을 물어 왔습니다. 그런데 거의 빠지지 않는 질문이 있습니다.

"지금 교회 성도가 몇 명이예요?"

교회 성도의 수는 그동안 나눈 모든 대화의 증명서 역할을 했습니다. 교인의 숫자를 묻는 질문 앞에서는 늘 자신 없는 저의 모습을 보게 됩니다.

현재 제가 살고 있는 도심리 마을은 30가구 45명의 주민이 살고 있습니다. 저는 사람들이 교회 성도의 숫자를 말하라고 하면 잠시 머뭇거리다가 우리 마을 주민 전체의 숫자인 45명이라고 말합니다. 물론 이들 모두가 교회에 나오는 것은 아닙니다. 20여 명이 주일 예배를 드리고 있습니다. 아직은 아니지만 미래에 마을 주민들이 분명히 하나님의 자녀가 될 것을 믿고 있습니다. 이것은 저의 단순한 궤변이 아니라 궁극적인 소망입니다.

사실 성도의 숫자를 말할 때, 교회가 크다는 것을 과시하기 위해서나 자신을 속이고 부풀려서 말할 때가 있습니다. 예를 들면, 교회에 어쩌다 한 번 나온 마을 사람들도 숫자에 포함시키는 일입니다. 가끔 교회나 신학교에서 초청을 받아 강의하면서 교회 영상을 보여 줍니다. 가능하면 교회 성도의 숫자가 많은 사진을 골라서 보여 줍니다. 그것이 곧 저의 능력이 되는 것처럼 보이기 때문입니다. 부끄러운 일인 것을 알면서도 유혹에서 벗어나지 못할 때가 많습니다. 숫자는 저를 벌거숭이로 만들기도 하고 화려한 왕관을 씌워 주기도 합니다. 숫자가 분명히 저를 지배하고 있습니다.

우리 동네에 땅을 많이 가지고 있는 어르신 한 분이 계십니다. 논밭뿐만 아니라 산까지 합치면 수십만 평을 가지고 있습니다. 농사짓는 땅만 해도 열 개가 넘는 필지를 가지고 있습니다. 연세가 칠십 중반을 넘어섰는데도 각 필지마다 번지수와 땅 평수를 정확히 알고 있습니다.

매년 면사무소에 퇴비를 신청할 때, 땅 필지가 서류에 들어가야만 합니다. 다른 사람들은 한 장이면 되는데 아저씨는 여러 장을 가져야 다 기록할 수 있습니다. 여러 장으로 된 신청서 앞뒤로 몇 번이고 넘기면서 행복한 표정을 짓습니다. 그런데 요즘 아저씨가 불안하기 시작했습니다. 죽은 후에도 땅이 자기 이름으로 계속 남아 있게 할 방법을 연구하고 있습니다. 저에게도 물어왔습니다.

"반장님, 제가 죽은 후에도 제 이름으로 땅을 영원히 남길 방도가 없겠습니까?"

땅에 대한 집착 때문에 자식들에게도 유산으로 남기지 못하겠다는 것입니다. 만약 남겼을 경우, 자식들이 땅을 다 팔아 먹을까 염려하는 것입니다.

땅을 조상으로부터 상속받은 후손들 중에 농사짓고 살려고 하는 사람은 거의 없습니다. 땅을 묵혀 두었다가 적당한 때에 작자가 나타나면 팔아 버립니다. 아저씨는 자신의 죽음과 더불어 땅이 사라질 것을 염려하여 무덤에까지 땅문서를 가지고 갈 판입니다.

실제로 아랫말 김 씨가 농담으로 말했습니다.

"아저씨, 죽으면 땅이 다 소용없는데, 마을 회관 짓게 땅 좀 내놓으세요."

아저씨는 가당치도 않다는 듯이 말했습니다.

"어림없는 소리하고 자빠졌네. 내가 죽을 때, 무덤에 땅문서 가지고 갈 거야!"

땅문서에는 번지수와 평수가 기록되어 있습니다. 숫자로 기록된 문서를 가지고 가면 땅을 가지고 갈 수 있는 것으로 생각합니다.

우리가 주님을 소유한다는 것은 숫자의 한계를 넘어선 풍부함을 소유하고 있다는 것을 의미합니다. 주님 안에 모든 세계가 있습니다. 더 나아가 주님이 바로 모든 것이 되십니다.

"오직 그리스도는 만유시요 만유 안에 계시니라(골 3:11)."

"그런즉 누구든지 사람을 자랑하지 말라 만물이 다 너희 것임이라(고전 3:21)."

만물이 주님 안에 있습니다. 그러므로 주님을 소유하면 만물을 소유한 것입니다. 만물을 소유하려 하기보다는 주님을 소유하려고 해야 합니다. 우리가 만물을 다 소유할 수는 없어도 주님을 소유할 수 있습니다. 이것이 만물을 소유하는 방법입니다. 소중한 것은 눈에 보이지 않습니다. 사랑, 명예, 정의, 하나님, 하나님 나라, 이것을 어찌 숫자로 제한할 수 있겠습니까?

오해

아랫마을 무스터에 있는 경로당에서 마을 잔치가 있다고 해서 가고 있는데, 군청 직원으로부터 전화가 왔습니다.

"도심리 반장님이세요? 그 마을에 최규석 씨라는 분이 살고 있나요?"

최 씨는 우리 마을, 도심리에서 태어나 세 살 동안 살다가 춘천으로 이사 나갔습니다. 60세가 다 되어서야 다시 고향으로 왔고 지금까지 20여 년 살고 계십니다. 우리 마을에 4대 조상들의 산소를 가지고 있습니다. 우리 마을에서 땅을 제일 많이 차지하고 있습니다. 이른 아침에 마당을 천천히 서성대기도 하고 집 앞에 있는 큰길을 왔다 갔다 하는 아저씨의 모습을 종종 볼 수 있습니다. 그럴 때면 영락없이 담배를 입에 물고 손으로 뒷짐을 지고 고개는 멀리 보아야 한다는 뜻으로 하늘로 향해 있습니다. 이런 모습을 보고 사람들은 수군거립니다.

"아침마다 일어나서 자기 땅이 잘 있나 확인하나 봐."

사실 최 씨가 마당에 서서 제자리에서 한 바퀴를 돌면, 다 자기 땅으로 보일만큼 많은 땅을 가지고 있습니다. 동네 사람들로부터 좋은 점수를 받지 못하고 있습니다.

"영감탱이가 무슨 땅에 욕심이 그렇게 많은지 길옆에 있는 손바닥만한 땅도 차지하려고 돌멩이로 자기 땅 경계를 만들어 놓은 것 좀 봐. 죽을 때, 땅 한 평이라고 가지고 가나 보자."

군청 직원은 최 씨가 자기 밭이라고 해서 전기 철망으로 둘러치는 바람에 옆에서 논을 부쳐 먹고 사는 김 씨가 자기 논으로 트랙터가 들어갈 수 없어서 군청에 민원을 넣었다는 것입니다. 군청에서 조사해 본 결과, 최 씨가 국유지에 전기 철책을 해 달았고 비닐하우스도 점유했기에 민원에 의해 철책과 하우스를 철거해야 한다고 했습니다. 그러나 민원인과 서로 타협해서 민원을 취소하면 문제를 해결할 수 있다고 하면서 이틀간 말미를 주었습니다. 군청 직원의 이야기를 듣고 보니 긴급했습니다.

두 분은 아래윗집에 살고 있고 실제로 먼 친척지간입니다. 감정적으로 싸우다가는 재산 상 피해가 클 것으로 보여서 최 씨에게 전화로 상황을 이야기하고 만나자고 했습니다.

아저씨를 만나서 급박한 상황을 매우 힘주어 전달했습니다. 이런 저의 태도가 아저씨에게는 호전적으로 보였는지 동네 사람들에게 "홍 반장이 나를 협박하고 갔어."라며 말하고 다녔습니다. 정말 기가 막힐 노릇이었습니다. 당장 쫓아가서 잘잘못을 따지고 싶었지만 일이 정리된 후에 만나기로 했습니다.

결국 최 씨는 군청에 벌금을 물고 전기 철책을 거두어야 했습니다. 사건이 정리된 후 얼마 지나지 않아서 최 씨를 만났습니다. 당시의 분위기를 상세히 설명하면서 협박하고자 했던 마음은 전혀 아니라고 했더니 최 씨는 자신이 가지고 있던 오해를 풀었습니다.

오해는 편견에서 나옵니다. 편견은 어느 한쪽 면에서만 보기 때문에 잘못된 지식을 갖게 합니다. 이것은 결국 진리를 보는 눈을 가리게 하는 무지無知로 이끕니다. 사람들 대부분은 자기중심적 편견으로 이해보다는 오해를 더 많이 합니다. 예수님도 무지의 결과에 대해서 말씀하셨습니다.

"너희가 성경도 하나님의 능력도 알지 못하므로 오해함이 아니냐?(막 12:24)"

예수님이 십자가 위에서 돌아가시면서 하신 말씀을 가상칠언이라고 합니다. 고통 가운데 하신 말씀, 운명殞命의 순간에서 하신 말씀이기에 얼마나 중요하고 진실하겠습니까? 그런데 가상칠언 가운데 사람들이 오해하고 있는 말씀이 있는데 바로 "엘리 엘리 라마 사박다니 하시니 이는 곧 나의 하나님, 나의 하나님, 어찌하여 나를 버리셨나이까 하는 뜻이라마 27:46."입니다.

이 외침에 대해 성경 주석가들은 예수님의 엄청난 육체적 고통으로 설명하려고 힘을 씁니다. 예수님이 참인간이셨기에 십자가 위에서의 고통이 얼마나 큰지 우리는 충분히 이해할 수 있습니다.

그러나 예수님의 고통이 좌우편에 있던 강도들의 십자가 고통보다 더 컸을까요? 당시에는 십자가 사형이 보편적이었는데, 그런 십자가 고통보다 예수님의 십자가만 유별나게 고통스러웠던 것일까요?

예수님의 외침을 단순히 육체적 고통만으로 묘사하려는 것은 십자가에 대한 중대한 오해입니다. 여기에서 "버리셨나이까"의 헬라어 "엔카타레이포ἐγκαταλείπω"는 과거동사로 되어 있습니다. 권위 있는 영어 성경에서는 대부분 현재완료로 번역하고 있습니다KJV, NIV, RSV. 그러나 영어 성경 중에 소수는 과거로 번역하고 있습니다GNB, J.B. Phillips 역, YLT: "why didst Thou forsake me?". 이것을 이렇게 번역할 수 있습니다.

"나의 하나님, 나의 하나님, 왜 나를 과거에 버렸습니까?"

현재완료로 보느냐 과거시제로 보느냐에 의해 예수님의 외침에 대한 이해는 달라집니다. 현재완료로 볼 때에 예수님의 십자가의 고통에

초점을 두려고 하겠지만, 과거로 본다면 예수님이 현재의 고통에는 안중에도 없고 과거에 하나님으로부터 버림받은 이유를 질문하고 있다는 것을 알 수 있습니다. 이것은 창세전에 예정하신 하나님의 구원의 섭리, 적어도 30여 년 전에 하늘 보좌를 버리시고 이 땅에 오신 예수님의 초림에 대한 질문입니다. 그러므로 이 외침 속에는 하나님과 예수님의 대화가 함축되어 있습니다.

"나의 하나님, 나의 하나님, 왜 나를 과거에 버렸습니까?"
"너의 십자가를 통해 온 인류를 죄에서 구원하기 위해서다."
"이제 저의 십자가로 온 인류를 구원하소서."
"오직 너의 십자가를 통해서 온 인류를 구원할 것이다."
"다 이루었다."

예수님의 십자가 위에서의 외침은 단순한 육체의 고통에 대한 것이 아니라 인류에 대한 하나님의 사랑을 재확인하는 것입니다. 당시에 "거기 섰던 자 중 어떤 이들이 듣고 가로되 이 사람이 엘리야를 부른다."라고 오해했습니다. 이것은 오늘날에도 마찬가지입니다. 무지가 잉태한즉 오해를 낳습니다.

"우리가 여호와를 알자 힘써 여호와를 알자(호 6:3)."

김남조 시인의 “나무들”이라는 시詩입니다.

이들은 알고 있어

알고 있는 깊이만큼

사랑하고 있어

울타리

임 씨 할머니가 고추밭에서 풀을 뽑다가 나오셨는지 손에는 시들한 풀을 한 움큼 쥐고 밭둑에서 쉬고 계셨습니다. 꾸밀 것도 없는 얼굴에 가슴 쪽으로 늘어진 오래된 셔츠를 입고 계셨습니다.

할머니는 담배꽁초를 허리춤에서 꺼내서 입에 물고는 크게 빨아들였습니다. 담배를 물고 있는 입은 몇 개 안 남은 치아 때문에 아랫입술이 윗입술을 덮고 있었습니다.

내가 다가가자 할머니는 담배를 얼른 뒤로 감추고 미간에 깊은 주름으로 만들어진 얼굴로 미소를 지었습니다. 할머니가 담배 피는 것을 볼 때마다 건강을 위해서 끊어야 한다고 잔소리처럼 말하는 저를 보았기 때문입니다.

얼마 전에 할머니는 밭에서 일하다가 쓰러지셔서 병원에 입원했습니다. 심장도 약하고 천식이 있기에 병원에서 담배는 꼭 끊어야 한다는 말을 들었습니다. 그 후 한 달 정도 끊었다가 다시 피기 시작하셨습니다.

"목사님, 담배는 도저히 못 끊겠어요. 어떡하죠?"

"한꺼번에 완전히 끊으려고 하지 마시고 조금씩 줄여 보세요."

말은 했지만, 이것이 얼마나 어려운 일인지 담배를 피우지 않는 나로서는 알 도리가 없었습니다.

"그나저나 목사님, 우리 논에 멧돼지가 내려와서 아예 사는 것 같아요. 혼자가 아니라 새끼들까지 데리고 다녀요. 논 뒤쪽에 있는 벼이삭을 죄 먹고 갔어요. 요즘 들어 더 극성이에요. 윗말에 사는 신 씨 댁 고구마 밭에도 멧돼지가 내려와서 고구마를 먹어치우고 밭을 망가뜨려 놓았대요."

"그렇지 않아도 면사무소에 신고했어요. 오늘밤 포수가 온데요. 밤에 지키고 있다가 잡는다고 하니 기다려 보세요."

"평생 농사만 짓고 이적까지 살았지만 이렇게 짐승이 들끓는 것은 처음이에요. 콩, 고구마, 옥수수, 어느 것 하나 맘 놓고 농사를 지을 수 없어요. 세상에 말세가 오나 봐요."

밤에 노루와 고라니 울음소리를 심심찮게 들을 수 있으며, 산에 가면 멧돼지가 나무 사이를 신속하게 뛰어가는 것도 어렵지 않게 봅니다. 동물 보호 정책 때문에 야생동물의 개체수가 증가하기도 했지만,

도시화와 산업이 발달하면서 고속도로와 같은 큰 도로가 생겨나고 동물들의 서식 범위가 좁아진 원인도 큽니다. 전에는 먹을 것을 산에서 해결하면 되었는데, 이제는 부족합니다. 개체 수는 늘어나고 먹을 것은 오히려 줄어들어서 농작물이 있는 농가로 내려올 수밖에 없습니다.

산짐승들을 방어하려고 농민들은 울타리를 칩니다. 처음에는 산 가까이에 있는 밭 가로 말뚝을 박고 그물망을 쳤습니다. 그러나 멧돼지들은 그물 울타리를 그냥 밀고 들어오고 노루나 고라니는 뛰어서 넘어옵니다. 그러자 정부가 농민들을 위한 보조 사업으로 전기 울타리를 치게 되었습니다. 전기선이 짐승의 몸에 닿게 되면 전기 충격이 일어나게 되고 그것으로 인해 놀라서 도망가게 됩니다. 애써 지은 농작물을 뺏기지 않으려고 하는 농민들과 먹을 것을 구하기 위해 계속해서 밭에 침입을 시도하는 산짐승들과의 싸움은 아직도 끝나지 않은 문제입니다.

요즘 농촌에는 또 다른 울타리가 생겨나고 있습니다. 바로 귀촌자들 때문입니다. 이 분들이 농촌에 와서 집을 건축하고 나서 바로 울타리를 만들고 대문을 걸어 잠그는 일을 합니다. 농촌에는 원래 울타리가 없었습니다. 있기는 했어도 단지 경계의 의미이지 분리의 의미는 아니었습니다. 부자일수록 튼튼한 울타리를 만들고 대문도 그럴듯하게 만들어 답니다. 사람들이 만들어 놓은 울타리가 얼마나 자신들을 지켜줄 수 있을까요?

하나님도 울타리를 가지고 계십니다. "주께서 그와 그의 집과 그의 모든 소유물을 울타리로 두르심 때문이 아니니이까?욥 1:10"라고 말씀합니다. 이것은 사탄의 말입니다. 사탄은 하나님이 욥을 위해 울타리를 둘렀기 때문에 욥에게 접근하지 못하고 있음을 표현한 것입니다. 하나님의 울타리는 욥과 그의 집, 그의 모든 소유물을 두르고 있습니다. 하나님의 울타리는 보이는 울타리가 아니라 보이지 않는 울타리입니다. 이 울타리 때문에 사탄이 욥에게 접근하지 못하고 있었습니다. 울타리를 허무는 만큼 사탄은 욥을 시험할 수 있었습니다.

우리에게는 속 시원하게 답하지 못하는 영원한 질문이 있습니다.

"전능하신 하나님이 왜 사탄을 이 지상에 남겨 두고 계신 것일까? 하나님은 천사가 죄를 범했을 때, 왜 그를 아예 없애버리지 않았을까? 만약 그랬으면 지금 우리가 원죄로 인해 고통하지 않아도 되는데 …."

이것에 대해 명확하게 대답할 수 없습니다. 그러나 분명한 것은 우리와 사탄 사이에는 하나님의 울타리가 있습니다. 사탄은 우는 사자처럼 하나님의 울타리를 넘어 우리를 삼키려고 노리고 있습니다.

하나님의 울타리가 없다면 어떤 현상이 일어날까요? 지금 우리가 살고 있는 세상은 혼돈과 파괴로 충만할 것입니다. 하나님의 울타리가 세상을 움직이고 있습니다. 하나님의 울타리 안에 거합시다.

일

지난밤부터 내리던 비가 아침에서야 그쳤습니다. 완전히 그친 것이 아니라 안개비로 흩날리며 내렸습니다. 이른 아침부터 꽃상여를 만들기 위해 동네 사람들이 모였습니다. 요즘 상여는 모두 제작되어 나오기 때문에 조립만 하면 됩니다. 울긋불긋 종이꽃으로 장식하고 붉은 용이 상여를 휘감고 있고 눈을 동그랗게 뜬 사천왕이 양 옆에 그려져 있으며 받침대에는 관을 묶을 광목 끈이 놓여 있었습니다.

우리 마을 토박이인 임 씨 아저씨가 돌아가셨습니다. 누가 뭐래도 도심리에서는 아저씨의 입김이 제법 셌습니다. 둘째가라면 서러울 정도로 약주도 많이 드셨습니다. 그래서인지 간암으로 돌아가셨습니다.

하오안리에 있는 농협 장례식장에 가서 아주머니를 문상하고 위로했습니다. 아주머니는 오히려 담담하게 조문객들을 맞이하고 계셨습니다. 아주머니는 제 손을 꼭 잡으시고는 부탁할 말이 있다고 하시면서 이야기를 꺼냈습니다.

"목사님, 내일 상여를 메고 산소자리로 올라갈 때 기도해 주세요. 어려운 부탁이지만 꼭 들어주시면 좋겠습니다. 제 마음에 그런 마음이 들었습니다."

시골에서 장례가 나면 주로 유교식 아니면 불교식으로 진행합니다. 상여를 메고 가는 자리에 기도하는 것은 어울리지 않는 모습인데 아주머니가 왜 그런 마음을 가지게 되었는지 모르겠습니다. 아저씨가 병원에 계실 때, 저는 아저씨보다는 아주머니를 더 많이 찾아가서 위로해 드렸습니다. 하나님이 그런 마음을 주셨습니다.

우리 마을에는 상조회가 따로 있습니다. 회장은 돌아가신 임 씨 아저씨였습니다. 마을 상조회 총무인 준기 아저씨가 저에게 와서 어려운 표정을 지으며 말했습니다.

"반장님, 상조회가 너무 약해서 이번 장례는 할 수 없습니다. 반장님이 주관해 주시면 감사하겠습니다."

그래서 제가 임 씨 아저씨의 장례식 위원장이 되었습니다. 마을 사람들에게 부고장 돌리기, 상여 메기, 회다지 등 모든 장례 절차를 주관했습니다.

관을 실은 시커먼 리무진이 마을로 들어섰습니다. 차에서 관이 나오자 유족들은 흐느껴 울었습니다. 관을 상여 위에 올려놓고 광목으로 움직이지 못하도록 묶었습니다. 미리 정해 둔 상여꾼들이 자기 자리로 갔습니다. 그때 아주머니가 저에게 오셔서 말했습니다.

"목사님, 기도해 주세요."

그러고는 몸을 돌려 말했습니다.

"애들아, 다 이리 오너라. 목사님이 기도하신다."

저는 준비해 간 기도문을 꺼내 들고 소리 높여 기도했습니다. 웅성거리던 사람들이 조용해졌습니다.

기도를 마치자 꽃상여가 출발했습니다. 아저씨 산소는 마을 쉼터에서 약 300미터 떨어져 있는 늘 갈아먹던 논 위쪽에 자리하고 있습니다. 상여 앞에서 최 씨가 요령잡이가 되어 요령을 흔들면서 소리를 선창하면 상여꾼들은 일제히 받으면서 뒤따랐습니다. 대부분 상여는 순탄하게 장지까지 가지 않습니다. 이날도 상여 맨 앞에 있던 천 씨가 심통을 부렸습니다. 잘 가다가 길옆에 있는 전신주에 상여 머리를 들이댔습니다. 그러고는 앞으로 갈 수 없다고 버텼습니다. 그러자 옆에 있던 신 씨가 거들면서 유족들에게 훈수를 뒀습니다.

"저승 가는 길에 노잣돈을 줘야 갈 거 아냐! 상여 앞에 와서 절을 해야 가든지 말든지 하지."

이 말에 유족들은 모두 와서 절을 하고는 황급히 안주머니에서 돈 봉투를 꺼내고 상여 앞에 묶어 놓은 비닐 봉투 안에 넣었습니다. 상여

꾼들이 상여를 내려놓고 술을 한 잔씩 받은 후에 다시 출발했습니다.

이때 고 씨 자리에 제가 들어가서 상여를 멨습니다. 상여를 메고 산소로 올라가면서 관 속에 있는 임 씨 아저씨를 생각했습니다. 촌로村老의 고집도 있었지만 목사인 저를 꽤나 위해 주느라고 했습니다.

"목사님, 제가 마을 교회 자리는 꼭 봐드리겠습니다."

일기 예보에 의하면, 삼일 계속 비가 오는 것으로 되어 있었는데 아침에 잠깐 내리던 비는 그쳤습니다. 놀랍게도 꽃상여 메고 갈 때부터 하관을 하고 산소의 봉분을 만들고 장례 절차를 모두 마칠 때까지 비가 오지 않다가 마치자 굵은 비가 내리기 시작했습니다. 이것을 보고 논에 쳐 놓은 천막에서 점심 식사를 하던 마을 사람들이 한마디씩 했습니다.

"목사님 기도가 세긴 센 모양인데."

"내 아버지께서 이제까지 일하시니 나도 일한다(요 5:17, My Father is always at his work to this very day, and I, too, am working. 현재진행형, NIV)."

이 말씀은 유대인들과 안식일에 대한 논쟁에서 예수님이 하신 말씀입니다. 예수님은 평일이든 안식일이든 현재진행형으로 일하고 계십니다. 하나님은 세상 모든 민족이 구원을 얻기까지 쉬지 않으시는 분입니다.

아주머니가 하나님만 의지하고 살겠다면서 교회에 나오기 시작했습니다. 장례에 기도를 부탁할 때, 이미 마음에 결단한 것 같습니다. 이렇게 되기까지는 과정이 있었고 하나님이 누구보다도 많은 것으로 감동을 주셨습니다. 단지 우리는 그 열매를 거둘 뿐입니다.

선교는 분명히 하나님이 하시는 일입니다. 사람의 일은 너무 작아서 보이지도 않습니다.

3부

울

돌

차를 몰고 참나무 골짜기로 향했습니다. 우리 마을 첫 번째 골짜기로 전에는 난을 재배하던 농원이 있었습니다. 이 골짜기에서 윤경동 성도님이 무상으로 밭을 빌려 농사를 짓고 있습니다. 올해는 구기자 재배를 하겠다고 밭을 만드느라고 한창입니다.

산길을 따라 산벚나무들이 하얀 옷으로 갈아입고 진달래의 연분홍 빛깔이 고요한 골짜기를 화사한 분위기로 만들었습니다. 바위 위에서 고고한 자태를 뽐내던 소나무가 지난겨울에 내린 눈의 무게를 견디지 못하고 쓰러졌습니다. 뿌리를 하늘로 쳐들고 누워 있는 소나무를 보면서 수많은 역경을 견디어 온 세월이 서늘하게 느껴졌습니다.

밭이 가까워질수록 트랙터 소리가 점점 크게 골짜기를 따라 메아리쳐 울려왔습니다. 트랙터 날이 돌아가면서 돌에 부딪치는 소리도 들렸습니다.

제가 온 것을 보고 윤경동 성도님이 트랙터에서 내려왔습니다.

"목사님, 바쁘신데 어떻게 오셨어요?"

"바쁘긴요. 도울 일 있으면 좀 할까 해서 왔어요."

"목사님, 이런 밭은 처음이에요. 제가 작년에 포클레인으로 돌들을 다 골라냈는데 올해 밭을 갈다 보니 돌이 그대로 있어요. 강원도 밭에 돌이 많다는 이야기는 들었지만 이렇게 많은 줄 정말 몰랐어요. 징글징글해요."

원래 충청도가 고향인 윤경동 성도님은 이해할 수 없다는 눈빛과 앞으로 어찌해야 할지를 고민하는 듯한 표정으로 혀를 찼습니다.

봄이 돌아와 농사를 준비하는 농부들이 갖추어야 할 전투태세가 있습니다. 첫째는 풀과의 전쟁이고, 둘째는 돌과의 전쟁입니다. 소로 밭을 갈던 때에는 오히려 괜찮았는데 지금은 소를 대신해서 트랙터가 대부분 밭을 기경합니다. 송아지를 옆에 달고 농부의 소모는 소리를 들으면서 밭을 가는 풍경을 이제 더는 볼 수 없습니다. 주인이 시키는 대로 우직하게 일하는 소가 아니라 우사에 갇혀서 쉴 새 없이 먹어서 살을 쪄야 하는 존재로 변했습니다.

트랙터로 밭을 갈 때, 고속으로 돌아가는 로터리 날이 돌에 부딪치면 날이 부러지거나 기계가 망가지는 경우가 많습니다. 그러면 엄청난 수리비 때문에 밭에 돌이 있으면 안 됩니다. 그래서 돌이 많은 밭에는 트랙터 주인들이 갈지 않으려고 합니다.

강원도 밭에 있는 돌은 1년에 하나씩 새끼를 낳는다는 속설이 있습니다. 주로 산으로 이루어진 강원도의 농부들은 돌만 없으면 농사를 잘 지을 수 있다고 자주 말합니다. 돌은 농부들에게 매우 성가신 존재입니다.

최근 미국 캘리포니아 주립대 연구팀은 생태계 질소의 26%는 지구 암반의 풍화 과정에서 생성되며 나머지만 공기에서 얻는다는 연구 결과를 ≪사이언스≫에 보고했습니다. 연구팀은 "질소는 공기에서 생태계로 유입된다는 전통적인 견해와는 달리 지구 암반도 토양과 생태계에 질소를 공급하는 중요한 원천이라는 것을 보여 준다. 이런 사실은 환경과학의 기초로 작용해 온 오랜 패러다임에 반대하는 것이다."라고 밝혔습니다.

농부들이 농사를 위해 사용하고 있는 비료 중에 질소 비료가 있습니다. 이 비료는 공기 중에 있는 질소를 가지고 만듭니다. 식물이 잘 자라도록 도움을 주는 것이 질소의 역할입니다. 그런데 위의 연구 결과에 의하면, 질소가 돌에서도 나온다는 것입니다. 돌에서 나온 질소는 식물 성장에 도움을 준다는 의미입니다.

돌의 세계는 놀랍습니다. 밭이나 산, 혹은 시냇물에 있는 돌들을 들추어 보십시오. 돌과 함께 수많은 생물이 어울려 살아가고 있습니다. 개미, 지네, 방구벌레, 지렁이, 개구리, 심지어 돌을 들추었는데 살모사가 자신의 모습을 들킨 것에 당황하면서 겸연쩍게 쳐다봅니다. 돌은 생물들에게 안식처를 제공하는 집과 같습니다.

저는 올해도 감자를 심었습니다. 예전에는 감자를 심다가 돌이 나오면 밭둑으로 버리곤 했는데 이제는 웬만한 크기의 돌은 그대로 두기로 했습니다. 돌이 감자를 자라게 하는데 훼방꾼이 아니라 오히려 조력자인 것을 알았기 때문입니다.

성경에서 하나님을 돌로 표현합니다.

"그는 반석(磐石)이시요 … 바위에서 꿀을 빨게 하시며 단단한 바위에서 기름을 얻게 하셨다(신 32:4,13, 현대인의 성경)."

놀랍고 신비한 표현이 아닐 수 없습니다. 더욱 놀라운 것은 예수님도, 우리들도 돌로 표현되어 있습니다.

"보배로운 산 돌이신 예수께 나아가 너희도 산 돌 같이(벧전 2:4b-5a)"

예수님은 살아 있는 돌living Stone; 단수이고 우리도 살아 있는 돌들living stones; 복수입니다. 돌과 고난은 매우 흔하고 피할 수 없다는 점에서 많이 닮았습니다. 돌 속에서 꿀과 기름을 얻고 금과 은을 얻는 것처럼 고난 속에서 삶의 보배를 얻을 수 있지 않을까요? 정말 놀라운 사실은 십자가의 고난을 통해서 하나님의 사랑이 완성되었고, 고난을 통해서만 하나님을 알 수 있게 되어 있습니다. 돌 속에 있는 질소가 생태계에 활력을 주듯이 고난 속에 있는 고약苦藥이 우리를 하나님까지 자라게 합니다.

물

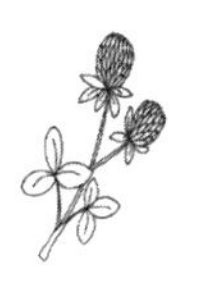

야트막한 산에 있는 교회 건축 부지는 꼭 은행잎처럼 생겼습니다. 은사시나무가 어깨춤을 추고 있고, 잣나무들은 용사들처럼 질서정연하게 서 있으며 몇몇 밤나무들이 이방인처럼 어색하게 자리 잡고 있습니다. 건축 부지 위쪽에 있는 두 낙엽송은 위용 있는 모습으로 하늘을 떠받치고 있습니다.

올라가는 길에 오리나무가 많았었는데, 토목 공사하면서 모두 사라졌습니다. 교회 터를 닦기 위해 벌목하고 토목 공사를 하는데, 절개지에서 물이 흘러나왔습니다. 주변에 높은 산이 없는데 어디서 이런 물이 나올까 싶을 정도로 양이 많았습니다.

춘천에서 시내버스를 운전하는 최창순 씨는 우리 마을이 고향입니다. 가끔 그의 어머니가 있는 집에 들르곤 합니다.

"반장님, 거기는 물구덩입니다. 옛날에는 거기서 나는 물로 논농사도 했습니다. 집터도 있었고, 겨울에도 얼지 않는 우물이 있었습니다."

요즘 같은 가뭄의 때에도 물이 계속해서 나왔습니다. 교회를 땅속에 짓기로 했습니다. 친환경 주택에 대한 책을 읽다가 땅속 4미터 안으로 들어가면 지열에 의해 봄, 여름, 가을, 겨울 평균 18도의 온도를 유지한다는 것을 보았습니다. 이것이 가장 저의 마음을 움직인 계기가 되었습니다.

땅속 집에 대한 자료가 국내에서는 매우 빈약하여 해외에 있는 사례들을 조사하면서 자연과 어우러진 땅속 건물이 매우 실용적이면서 자연 친화적으로 보였습니다. 사실 너구리, 개구리, 오소리, 고슴도치, 곰, 뱀 등 사람보다 동물들이 땅속을 그들의 거처로 매우 잘 활용하고 있습니다.

땅속 집을 짓는 의미들을 하나씩 모았습니다. 첫째는 친자연적입니다. 산을 절개한 후 다시 덮으므로 자연 형태를 그대로 보존할 수 있습니다. 둘째는 재생 에너지적입니다. 땅속 지열을 이용하면 냉난방에 필요한 에너지를 최소화할 수 있습니다. 셋째는 지역 친화적입니다. 주민들로 하여금 교회 건물이 가지고 있는 위압감을 없애고 지역과 어우러지는 분위기를 만들려고 합니다. 넷째는 성경적 의미를 두었습니다. 땅속 교회는 예수 그리스도의 무덤을 표현합니다. 예수님의 무덤은 죽음과 부활의 두 가지를 모두 표현하는 장소입니다. 예배드리기 위해 교회 건물 안으로 들어설 때는 자아의 죽음을 고백하고, 예배를 마치고 건물을 나갈 때는 부활의 증인으로 세상으로 나감을 의미합니다. 예수님은 요나의 물고기 뱃속을 십자가의 죽음과 부활로 비유하셨습니다. 요나는 물고기 뱃속에서 죽음을 경험하고 하나님의 재소명을 받았습니다. 교회를 단순한 건물이 아닌 그 자체로 스토리와 무언의 메시지를 표현하려고 했습니다.

교회가 땅속에 있기에 물이 가장 큰 문제입니다. 주변 사람들도, 특별히 건축가들도 한결같이 건물 안에 습기 문제를 지적했습니다. 건축하면서 이 부분을 가장 크게 신경을 쓰기로 했습니다. 전체 공사를 담당한 분은 홍천에 있는 건축업자인 조규영 장로님이십니다.

건물 안으로 들어오는 물을 막기 위하여 다음과 같은 조치를 취했습니다. 첫째, 건물을 만들기 위해 사용하는 콘크리트에 방수액을 넣었습니다. 둘째, 건물의 기초를 치면서 옆으로 유공관을 묻어서 물 빠짐을 좋게 했습니다. 셋째, 콘크리트 건물 외벽을 잘 정리한 후 방수페인트를 칠했습니다. 넷째, 그 위에 모르타르를 칠했습니다. 다섯째, 모르타르가 굳은 후 방수포를 입혔습니다. 여섯째, 방수포 위에 단열을 위해 스티로폼을 놓고 그 위에 자갈과 마사토를 놓고 다시 그 위에 천막을 덮었습니다. 마지막으로 흙으로 덮었습니다. 방수를 위해 할 수 있는 최선을 다했습니다.

"목사님, 이래도 물이 새면 더는 어쩔 수 없습니다."

장로님의 표정에서 최선을 다했고, 나머지는 하나님께 맡길 수밖에 없다는 굳은 마음을 읽을 수 있었습니다.

"하나님이여 나를 구원하소서 물들이 내 영혼에까지 흘러 들어왔나이다(시 69:1)."

물의 침투력이 얼마나 뛰어난지 영혼까지도 흘러 들어옴을 말씀합니다. 물은 실 같은 틈만 있어도 자신의 모습을 변형시키면서 침투해 들어옵니다. 물의 침투를 막아야 하듯이 죄가 기회를 타서 우리 영혼 가운데 흘러들어오는 것을 막아야 합니다(롬 7:8). 교회 건축을 위해 일곱 단계로 물의 침투를 차단한 것처럼 영적인 물의 침투를 차단해야 합니다.

에베소서 6장에 나오는 하나님의 전신갑주는 공격용 무기라기보다는 대부분 방어용입니다. 영적 전쟁에서 방어가 얼마나 중요한가를 말씀합니다. 진리의 허리띠, 의의 호심경, 평안의 복음의 신, 믿음의 방패, 구원의 투구, 성령의 검입니다. 마지막으로 바울은 기도를 첨가합니다.

지금 우리의 영적 방어가 얼마나 허술한지 알 수 있습니다. 나의 모습은 거의 무방비 혹은 대충 방어하고 있지는 않나요? 우리의 영적 무기력은 방어하지 못하므로 죄악의 물이 우리 영혼 가운데 흘러들어온 것이 가장 결정적인 원인입니다. 영적 전쟁에서 승리하기 위해 공격보다 앞서야 하는 것은 방어입니다.

복수초

박영화 아주머니에서 "박영화 성도님!"이라고 부를 수 있다는 것이 얼마나 놀라운 일인지요. 고향은 전라도였는데, 오래 전에 강원도로 시집왔습니다. 시집왔을 당시에 적막강산 같은 강원도 산골짜기가 무서워서 집에 가고 싶어 매일 같이 울었다고 합니다. 부자 집에서 귀하게 살다가 산골에 시집와서 사는 것이 힘들었습니다. 농사일은 해보지도 않았기에 시집와서도 농사는 거의 하지 않고 지냈다고 합니다. 지금도 농사를 지을 줄 모릅니다.

남편인 임 씨 아저씨는 작년에 돌아가셨습니다. 당시 박영화 성도님은 말이 별로 없으시고 동네 분들과도 잘 어울리지 않았습니다. 교회 나오기 시작한 지가 4개월째 되었습니다. 성도님 댁을 방문하면 저에게 꼭 기도해 달라고 부탁했습니다. 자녀들은 모두 외지에 나가 있고 혼자 생활하십니다.

아직도 산기슭에는 눈이 남아 있는 이른 봄이었습니다. 이제 막 겨울이 물러가는 중이고 쌀쌀한 바람이 옷깃을 올리게 했습니다. 성도님 댁을 방문하고 현관을 나서는데 집 앞 뜰에 노랗게 핀 꽃을 보았습니다. 바로 복수초福壽草였습니다. 전에도 이 댁을 방문할 때 복수초를 본 적이 있습니다. 어떤 때는 흰 눈이 여전한데 그 속에서 피어 있는 것을 본 적도 있었습니다. '영원한 행복'이라는 꽃말을 가지고 있는 이 꽃은 봄을 알리는 우체부와 같습니다. 눈과 얼음의 차가움을 온몸으로 느끼면서 그의 뜨거운 열기로 자신의 온몸을 불덩어리로 만들어 주변의 눈을 녹이면서 노란 꽃을 피웁니다.

"복수초 좀 보세요. 너무 예쁘죠?"

"목사님, 그 꽃 캐다 심으세요. 뒤뜰에도 많이 있어요."

뒤뜰로 가 보았습니다. 복수초가 마른 수풀 속에서 노랗게 피어 있었습니다. 그중에서 아직 꽃을 피우지 않은 복수초 몇 개를 캤습니다. 귀한 선물이었습니다. 성도님께 거듭 감사하다는 말을 하고 가지고 와서 집 주변에 심었습니다.

며칠 후에 햇빛을 담고 있는 노란 복수초 꽃을 볼 수 있었습니다. 겨우내 기다렸다가 봄을 알리는 꽃입니다. 아직은 추워서인지 꽃대에 털옷을 입고 있습니다. 눈 속에서, 추위 속에서 피어나는 꽃입니다. 그래서 더욱 아름다웠습니다. 고통의 현실을 아름다운 꽃으로 승화할 수 있다는 것이 얼마나 강인합니까?

우리 마을에 이상한 소문이 봄바람처럼 돌아다녔습니다. 듣고 나니 심정이 복잡해졌습니다. 우리 교회 이 집사님과 김 집사님이 서로 싸우고 말도 하지 않는다는 것입니다. 마을 사람들도 금방 알게 되었고, 말하기 좋아하는 사람들은 신이 나서 말하고 다녔습니다.

"교회 다니는 사람들이, 그것도 같은 교회 다니는 사람들이 왜 그래? 아래윗집에서 그렇게 친하게 지내더니 …."

최 집사님은 원래 서울에 살았습니다. 도심리 마을에 와서 살게 된 이유는 남편 신 집사님 때문이었습니다. 신 집사님은 서울에서 택시 운전을 하기도 하고, 수산물도매업을 했습니다. 그러다가 노름빚 때문에 도심리 마을에 숨어 들어와 살게 되었습니다.

어느 날 신 집사님이 밤에 잠을 자다가 심장마비로 갑자기 돌아가셨습니다. 최 집사님은 도심리에 와서 믿음을 갖게 되었고 세례도 받았습니다. 신 집사님이 돌아가시면서 최 집사님은 믿음이 더 깊어졌습니다. 빚이 너무 많아서 갚을 수 없어서 파산 신청을 했습니다.

정 집사님은 7년 전에 도심리 마을에 왔습니다. 이곳저곳 떠돌아다니다가 이곳에 와서 살게 되었습니다. 남편인 한 씨는 몇 해 전에 폐암으로 세상을 떠났습니다. 가난하고 빚도 있어서 사는 것이 늘 힘들었습니다. 교회에 나오면서 새로운 삶을 찾았습니다. 교회 봉사도 잘하고 더욱 열심히 주님을 의지했습니다.

두 집사님의 형편이 비슷하다 보니 서로 의지하며 친자매처럼 지냈습니다. 두 분의 싸움 때문에 친했던 감정이 미움으로 변했고, 원수가 되고 말았습니다.

고난 주간을 앞에 둔 주일이었습니다. 예배를 마치고 점심 식사 후에 기도 시간을 가졌습니다. 그때 성령께서 제 마음에 두 분의 화해를 위해 기도할 것을 말씀하셨습니다. 주님의 십자가 죽으심의 의미와 능력을 말하고 하나님의 사랑은 바로 원수되었던 우리를 용서한 것이라고 설명하며 두 집사님에게 서로 용서할 것을 요청했습니다. '혹시 서로가 거부하면 어떡하나?'라는 생각을 가졌지만 한 손은 최 집사님, 다른 한 손은 정 집사님 손을 잡고 서로 용서하자고 했습니다. 주님의 십자가의 용서가 모두에게 임했습니다. 서로 부둥켜안고 말했습니다.

"언니, 내가 잘못했어. 잘못했어."

"아냐, 내가 잘못했어. 미안해, 미안해"

이것을 목도한 성도들은 박수하며 기뻐하고 서로를 격려했습니다.

이 얼마나 아름다운 모습입니까? 누추한 삶의 환경을 넘어, 실패한 인생의 눌린 자리에서 일어나, 끝없는 고통을 주는 미움이라는 벽을 깨뜨리고 서로 사랑으로 화해하는 모습 속에서 예수 그리스도의 십자가의 용서를 보았습니다.

복수復讐로 가득 찬 세상입니다. 그날 저는 회개와 사랑이 감격의 눈물로 피어나는 아름다운 복수초福壽草들을 보았습니다.

소리

어스름한 새벽녘에 눈을 떴습니다. 어제 옥수수자루를 날랐더니 몸이 좀 무겁게 느껴졌습니다.

침대에서 일어나 앉자 새소리가 들렸습니다. 창가 바로 앞까지 와서 울어댔습니다. 딱따구리가 기도의 집 뒤쪽에 있는 밤나무 위에서 벌레를 잡는지 군악대가 행진할 때 빠른 비트로 치는 작은 북소리를 냈습니다. 풀벌레소리도 들렸습니다. 꿀벌들도 이른 아침부터 일을 하는지 "웅웅" 거렸습니다.

무엇보다도 말매미의 소리가 시원하게 이 산에서 저 산으로 뻗어갔습니다. 이 모든 소리를 바람이 두 팔로 안아서 나에게 가지고 와서는 풀어놓았습니다. 멀리서 시냇물 흐르는 소리가 들려왔습니다. 시냇물 소리와 바람 소리가 어떤 때는 비슷하게 들립니다.

소리들은 저에게 부담을 주지 않으려고 배려하면서 조심스럽게 저의 귀에 다가와 속삭이면서 정수리를 지나 심장에서 생명의 화음을 냈습니다. 모두 순결한 자연의 소리이자 우주의 하모니였습니다. 이는 하나님이 나를 깨우는 소리였습니다. 잠에서 깨기 전에 하나님은 수많은 자연의 소리를 보내 주셨습니다. 하나님의 전령들입니다.

"하나님은 우리에게 수만 가지 말씀을 주셨는데, 우리는 단지 몇 개만 인식할 뿐입니다."라는 존 파이퍼 목사님의 말씀이 생각났습니다.

잠에서 깨어났기 때문에 새소리를 들은 것이 아니라 새소리가 저의 잠을 깨웠기에 새소리를 들었습니다. 저의 영혼의 깨어남보다 하나님의 소리가 먼저였습니다. 잠들어 있는 동안에도 창가 나뭇가지 위에서 새는 노래하고 있었습니다.

하나님이 우리를 위해 마음 쓰시는 것에 비하면 올곧아야 할 우리의 신심信心은 너무 미약합니다. 무엇보다도 인간에게는 하나님께 대한 근본적인 반항이 있습니다. 그것은 자신들이 하나님이 되었으면 하는 생각입니다. 인간들의 마음속 깊은 곳에는 하나님이 돼 봤으면 하는 기대를 가지고 있습니다. 세계 역사 속에 수많은 임금들, 정치가들이 이것을 시도하다가 사라졌습니다. 종교 창시자들도 마찬가지입니다. 이단들의 큰 특징은 교주의 신격화입니다. 남녀노소 할 것 없이 무의식적으로 '내가 하나님이라면'의 생각을 가지고 있습니다.

구한교 씨는 아랫마을 논틀말에 살고 있습니다. 풍채가 당당하고 술을 좋아하고 그의 주변에는 늘 사람들이 있습니다. 골목대장과 같은 모습은 이문열 작가의 『우리들의 일그러진 영웅』에 나오는 주인공인 엄석대와 같습니다. 그는 겸연쩍은 듯 미소를 지으며 저에게 말을 걸어왔습니다.

"목사님, 제가 하나님이 되었으면 좋겠어요."

"왜 그런 생각을 하세요?"

"우리 형제들이 얼마나 싸우는지 몰라요. 제가 하나님이 되어서 싸우지 못하게 꽉 잡고 싶어요."

인간들의 문제를 인간이 해결할 수 없어서 생각해 낸 것입니다. 이런 상황에서는 자기가 시키는 대로 모든 일이 이루어지도록 할 수 있는 힘만 있으면 좋겠다는 심정일 것입니다. 그래서 하나님이 되고 싶어 합니다. 그 말을 듣고 제가 속으로 말했습니다.

'하나님은 고사하고 도심리 반장노릇이나 한 번 해 보세요.'

도심리는 작은 마을이지만 반장 일을 보는 것이 얼마나 어려운지 모릅니다. 한 사람 한 사람이 모두 불만 덩어리처럼 보입니다.

얼마 전에 산림청 공무원을 설득해서 겨울철 땔나무를 얻어 마을 쉼터에 쌓아 놓았습니다. 쌓여 있는 나무를 보자 너도나도 달라고 야단입니다. 심지어는 겨울에 땔나무가 필요 없는 사람도 달라고 합니다. 들리는 소문에 의하면, 주지 않으면 길거리에 드러눕겠다고 합니다. 분명히 누구는 많이 주고 누구는 적게 줬다고 불평할 텐데 벌써부터 땔나무를 나눌 걱정이 앞섭니다.

사람들은 하나님이 절대 권력을 가지고 있기 때문에 무엇이든지 다 할 수 있다고 생각합니다. 오히려 반대입니다. "오직 주께서는 너희를 대하여 오래 참으사벧후 3:9"의 말씀처럼 인간들의 끝없는 반란의 역사 속에서 하나님은 절대 권력을 사용했기보다는 오히려 절대 권력을 절제하거나 혹은 포기하셨음을 알 수 있습니다.

무엇이 악惡일까요? 타락한 천사에 의한 악은 바로 하나님 같이 되려고 하는 것에서 출발했습니다. 뱀이 하와를 유혹할 때 바로 이 마음을 이용합니다.

> "너희가 그것을 먹는 날에는 너희 눈이 밝아져 하나님과 같이 되어(창 3:5)"

이것은 세상 모든 인간이 원하는 바입니다. 이사야 선지자도 바벨론 왕 느부갓네살의 마음을 비유로 사탄의 궁극적인 유혹의 모습을 보여 줍니다.

> "가장 높은 구름에 올라가 지극히 높은 이와 같아지리라(사 14:14)."

한자漢字가 이것을 잘 설명해 주고 있습니다. 한자로 악惡은 아亞, 버금 아와 심心, 마음 심으로 구분됩니다. 이것은 비슷해지거나 같아지려는 마음을 말합니다. 그러므로 악이란 바로 하나님과 비슷하거나 같아지려는 마음입니다. 이런 마음에 하나님의 소리가 귀에 들어올 리가 없습니다.

하나님의 소리는 겸손한 귀 속에서 울려 퍼집니다. 요즘 하나님 행세하려는 자가 너무 많습니다. 미세먼지와 같이 인간의 소리가 온 세상을 뒤덮고 있습니다. 생명의 소리는 듣기 너무 어렵습니다.

새벽에 저를 깨운 하나님의 소리를 들으며 기도의 집으로 발걸음을 옮겼습니다. 강대상 앞에 앉아서 주변에서 들려오는 자연의 소리를 들었습니다. 매미소리가 가장 잘 들렸습니다. 그리고 침묵으로 저의 가슴의 소리를 하나님께 올려 드렸습니다.

“하나님, 말씀하소서. 이제 제가 하나님의 소리를 듣겠습니다. 하나님의 소리를 들어야 제 영혼이 살아납니다.”

씨앗

이 가을, 씨앗을 모으고 있습니다. 꽃 이름을 써 놓은 봉투를 현관문 신발장에 가지런히 진열해 놓고 밖에 나갔다가 구해 온 씨앗들을 호주머니에서 꺼내 종류별로 봉투에 넣습니다. 저의 마음과 눈은 온통 산과 들에 있는 씨앗에 가 있습니다. 농가를 방문했다가도 집 주변을 휙 둘러보는 이유는 씨앗 때문입니다.

현관문을 열고 집 안으로 들어서면 코스모스, 백일홍, 금잔화, 도라지, 더덕, 과꽃의 씨앗 향기가 저를 반겨줍니다. 씨앗을 모은다는 것은 흰 눈과 꽁꽁 언 겨울 너머에 있는 아름다운 세상을 가슴에 품고 있다는 몸짓입니다.

왕꿈틀애벌레가 밤나무 잎을 모두 갈아먹어서 이태 동안 밤이 없었는데, 올해는 많이 열렸습니다. 밤이 많을 때는 소중하다는 생각을 덜 했는데 없으니 귀한 줄 알게 되었고 한 알 한 알 정성껏 주워서 모아 놓았습니다. 크고 야무진 알밤을 씨앗으로 구별해서 내년에 묘목으로 키우려고 합니다.

토종 곡식 씨앗도 모으고 있습니다. 조상대대로 이 땅에 잘 적응되어 왔던 씨앗들이 점점 사라지고 있기 때문입니다. 사람이 씨앗입니다. 그래서 우리 조상들은 사람을 '씨'로 불렀습니다. 씨앗처럼 생명력 있게 살라는 뜻이 담겨져 있습니다.

도장골 입구에 사는 조 씨와 머위골에 사는 김 씨 사이에 싸움이 붙었습니다. 씨앗들의 싸움입니다. 그동안도 여러 번 있었습니다. 제가 중간에서 몇 번 중재했지만 화해의 진전이 없었습니다.

싸움의 발단은 조 씨였습니다. 조 씨가 포클레인으로 밭을 정리하다가 흙이 시냇물로 떨어졌습니다. 시냇물은 흙탕물이 되었고, 이것을 김 씨가 사진을 찍어 군청에 신고했습니다. 사실 큰 문제는 아니었습니다. 흙이 시냇물에 조금 떨어졌고 흐르는 물이었기에 곧 맑아졌습니다. 군청 직원이 나와 보고는 크게 문제 삼지 않고 원상복구 명령을 내리고 가 버렸습니다. 서로 뒤틀린 감정의 골은 점점 깊어만 갔습니다.

"이 동네는 신고하기로 유명한 동네야. 이놈의 동네에 살지 못하겠네, 이사를 가든지 해야지."

동양화가인 조 씨가 치를 떨 듯이 제 앞에서 내뱉는 말이었습니다. 이분은 인천에서 미술학원을 경영하다가 우리 마을에 들어온 지 7년

정도 됩니다. 심성은 착한데 마을 사람들과 잘 어울리지 못합니다. 도시에서 살다가 온 사람들이 주로 갖는 태도입니다. 조용히 살고 싶어서 간섭하지도 않고 간섭받지도 않겠다는 자세입니다.

그러다가 술 꽤나 좋아하는 김 씨의 눈 밖에 났습니다. 김 씨는 새마을 지도자입니다. 가끔 제게도 조 씨에 대해 말하면서 "버릇을 고쳐 줘야 해, 외지에서 왔으면 알아서 잘해야지!"라고 말하곤 했습니다. 김 씨의 성격은 매우 다혈질적이어서 사소한 일에도 혈기를 잘 부립니다.

둘 사이에 틈이 생기면서 서로에 대한 편견을 갖게 되었습니다. 김 씨는 조 씨를 향해서, "애들 학원이나 운영하던 사람이라 마음이 좁아", 반면에 조 씨는 김 씨에 대해서, "위아래도 몰라보는 버릇이 없는 놈이야. 새마을 지도자가 무슨 대통령인줄 아나 봐. 자기가 최곤 줄 알아!"라고 빈정댑니다.

앞 사건의 발단은 두 사람의 개인적인 관계에서 생긴 문제였습니다. 그런데 조 씨는 우리 마을 전체가 신고하는 동네로 바라봅니다. 개인적인 문제를 마을 전체로 확대했습니다. 반면에 김 씨는 조 씨가 어린아이들만 상대했기 때문에 마음이 좁아터져서 인간관계에 문제가 있다고 여깁니다. 이 모두 편견입니다. 편견은 어느 한 부분을 전체로 보도록 하고 그것은 결국 서로 소통하지 못하도록 합니다.

저는 마을 주민들에게 들풀의 이름을 붙여 주었습니다. 김 씨는 머위고, 조 씨는 금잔화입니다. 둘은 모든 면에서 다르지만 고유한 아름다움을 지니고 있습니다.

태초에 하나님은 우리에게 씨앗을 주신 것이 아니라 완전체를 주셨습니다.

> "하나님이 이르시되 땅은 풀과 씨 맺는 채소와 각기 종류대로 씨 가진 열매 맺는 나무를 내라 하시니 그대로 되어(창 1:11)"

만약 하나님이 씨 맺는 식물을 주지 않으셨다면 지금도 계속해서 씨앗을 하늘에서 떨어뜨려야만 합니다. 씨 맺는 식물을 주시므로 인간은 그 씨앗으로 계속해서 생산할 수 있습니다. 씨앗에 대한 관리와 보존은 하나님의 모양과 형상을 따라 지음 받은 인간의 책임입니다.

우리 조상들은 후손들에게 많은 씨앗을 물려주었습니다. 콩은 4,000가지가 넘고, 벼는 2,000가지 가까운 씨앗을 물려주었습니다. 이런 토종 씨앗들이 점점 사라지고 있습니다.

조상들은 씨를 생명처럼 소중히 여겼습니다. '농부아사 침궐종자農夫餓死 枕厥種子'라는 말이 있는데, "농부는 굶어 죽을지언정 씨앗은 먹지 않고 베갯잇에 베고 죽는다."라는 뜻입니다.

우리 각각은 고유한 특징을 지닌 하나의 씨앗과 같습니다. 겉은 거칠고 세속적 아름다움은 없어도 속에 생명이 배여 있는 소중한 씨앗들입니다.

올해만

"반장님, 지금 어디 계세요?"

"집에 있습니다. 어쩐 일이세요?"

"작년에 목사님이 보리수 열매를 주셔서 아주 맛있게 먹은 기억이 있어요. 보리수나무가 몇 그루 있어요?"

"세 그루 있습니다."

"혹시 보리수나무 주변에 묘목할 만한 것이 있으면 좀 캐도 될까요?"

"네, 오셔서 찾아보세요."

이른 아침 박 씨 아저씨로부터 전화가 왔습니다. 여든이 다된 아저씨의 고향은 원래 홍천입니다. 우리 마을에서 약 이십 리 떨어진 와瓦동이라는 동네입니다. 옛날에 기와집이 많았다고 해서 붙여진 이름입니다.

1970년대, 중동에 건설 붐이 일어나 많은 사람이 일하기 위해 고국을 떠났습니다. 아저씨도 젊은 시절 사우디아라비아에서 현대 건설 근로자로 일했습니다. 뜨거운 사막의 건설 현장에서 죽을 뻔한 이야기를 시작했다 하면 끝도 없이 하십니다. 이제는 귀도 어둡고 눈도 흐리고 특히 심장이 약해졌습니다. 무거운 짐을 들거나 조금만 힘든 일을 하면 숨이 차서 아무것도 할 수 없습니다. 얼굴에는 흘러간 세월의 흔적이 주름으로 남아 있고 허리는 꼿꼿하게 세워져 있지만 어깨는 굽어 있습니다. 아저씨의 모습은 나뭇잎을 드물게 붙들고 있는 딱딱하고 열매 없는 고목古木처럼 되었습니다.

아저씨 마당에는 많은 나무가 심겨져 있는데 소나무가 가장 많고 뽕나무, 보리수, 포도나무 등이 있습니다. 아저씨의 집을 지나다 보면 과일나무에 많은 정성을 쏟고 있음을 알 수 있습니다. 재작년에 심은 뽕나무에서 오디 열매를 많이 땄다고 함박웃음으로 자랑하곤 했습니다. 아저씨는 고목처럼 말라가지만 생명에 대한 열망이 있어서인지 매년 과일 묘목을 심었습니다.

봄바람이 살랑거리는 어느 날, 아저씨가 마당에 있는 나무들을 돌보고 있었습니다. 제가 나타나자 소나무의 가지를 치고 있다가 반갑게 맞아 주었습니다. 한 구석이 허전한 것 같아서 두리번거리고 있는데 아저씨가 눈치를 채고는 말했습니다.

"반장님, 여기 있던 자두나무 아시죠? 몇 년이 지났는데도 열매가 없어서 잘라 버렸어요. 거름을 줬는데도 이상하게 자두가 열리지 않아요."

자두나무들의 밑동이 일정한 간격으로 잘려져 있었습니다. 아저씨는 자두가 열려서 커가는 신기하고 탐스러운 모습을 보고 싶었습니다. 그러나 매년 이 자두나무는 열매를 맺지 못해 아저씨에게 실망을 안겨주었습니다. 큰맘 먹고 아저씨는 자두나무들을 잘라버렸습니다.

우리 집에도 열매를 맺지 않는 자두나무가 하나 있습니다. 키는 보통 사람의 두 배가 넘고 밑둥치는 허벅지 굵기만 했습니다. 작년에 톱을 나무에 갖다 댄 적이 있습니다. 자를까 하다가 하늘을 향해 두 팔 벌리고 서 있는 자두나무를 올려다보니 아깝고 측은한 마음이 들어서 포기했습니다. 그래서 '올해만이다.' 하고는 톱을 자두나무에서 거둔 적이 있습니다. 그때 자두나무가 얼마나 놀랐을까요? 올 한 해 더 두고 보려고 합니다. 만약 올해도 열매를 맺지 않으면 아낌없이 자를 것입니다. 결심이 약해지지 말자고 스스로에게 다짐까지 했습니다.

자두나무 옆에 있는 진달래와 라일락이 자두나무의 위세에 눌려 잘 크지 못합니다. 나무는 열매로 자신의 존재와 그 이유를 말합니다. 밤나무는 밤으로, 복숭아나무는 복숭아로, 잣나무는 잣 열매로 말합니다. 나무의 열매는 생명입니다. 열매를 통해 또 다른 생명을 탄생합니다. 하나님의 모든 피조물은 열매를 통해 생명을 재생산합니다.

누가복음에 한 주인이 자기 포도원에 포도나무를 심는 것이 아니라 무화과나무 한 그루를 심는 이상한 장면이 나옵니다눅 13:6-9. 이스라엘에서 무화과나무는 흔한 나무이기에 어디서나 쉽게 열매를 얻을 수 있습니다. 주인의 이러한 행동은 특별한 선택입니다. 그런데 무화과나무가 특별한 선택을 받고 포도원에서 전문가인 포도원지기로부터 돌봄을 받았음에도 3년 동안 열매를 맺지 않았습니다. 주인은 무화과나무에게 포도 열매를 맺으라고 한 것이 아니라 무화과를 원했습니다. 주인은 열매를 맺지 않고 땅만 버리는 무화과나무를 찍어버리라고 명령합니다. 그러자 포도원지기가 말합니다.

"주인님, 올해만 그냥 두십시오(눅 13:8, 표준새번역)."

여기서 "올해만"이라는 표현이 강렬합니다. 마지막 기회라는 뜻입니다. 우리의 죄가 어디로부터 옵니까? 특별히 습관적으로 반복해서 짓는 죄가 어디로부터 옵니까? "올해만" 혹은 "이번만"이라는 의식에서 옵니다. 그러나 이 표현이 하나님께서 하시는 말씀이라고 하면 매우 엄중합니다. 하나님이 "이번만이다. 올해만이다."라고 하시면 더는 우리가 어떻게 해 볼 도리가 없습니다.

"올해만"이라는 표현을 내가 아닌 하나님의 음성으로 들어야 합니다. 그러면 회개에 합당한 열매를 맺을 수 있습니다눅 3:8. 회개에서 열매가 나오고, 이 열매는 곧 생명을 낳습니다.

늘 정신 차리기 위해서 제 책상 앞에 "올해만"이라는 글자를 써서 붙여 놓았습니다.

옹달샘

옹달샘 물을 마셨습니다. 공동체 옆에 있는 옹달샘은 저의 오랜 친구입니다. 매일 아침 저와 대화를 나눕니다. 이 친구를 만난 것은 선교 공동체를 세우기 위해 이곳에 왔을 때였습니다.

산 밑에 있는 커다란 바위에서 솟아나는 샘물 하나를 발견했습니다. 엎드려 입으로 조심스럽게 샘물을 마신 기억이 납니다. 옹달샘 주변을 파서 웅덩이를 만들었습니다. 그리고 구멍을 대여섯 개 뚫은 작은 질항아리를 그 속에 넣고 항아리 뚜껑을 닫은 후, 주변은 자갈과 돌로 채우고 위에 흙으로 덮었습니다. 항아리에 모여진 물은 배수관을 통해 시냇물 쪽으로 흘러갑니다. 이렇게 만들어진 옹달샘 물은 1년 내내 일정한 양을 유지합니다. 겨울인 요즘에도 얼지 않고 계속 솟아납니다.

옹달샘 물에서 떨어지는 물방울이 주변에 얼음 예술 작품을 만들어 놓았습니다. 수정같이 맑은 모습의 유리구슬들이 원형을 그리며 모여 있습니다. 어떤 것은 꼭 가재가 배에 달고 있는 알처럼 생겼습니다.

시냇물 줄기를 따라 올라가면 각 줄기마다 옹달샘이 있습니다. 공동체 옹달샘 뒤에는 대작봉이라는 해발 700미터 산이 있습니다. 산 속에는 엄청난 양의 물이 보관되어 있어서 땅속으로 나 있는 가는 물줄기를 따라 한 곳으로 모여 마르지 않는 옹달샘이 되었습니다.

제가 이 샘물을 10여 년 지켜봤지만 한 번도 끊어진 적이 없었습니다. 산 속에 저장된 물은 육안으로 보이지 않습니다. 그러나 그 속에는 엄청난 물이 저장되어 있습니다. 끊어지지 않고 흘러나오는 물을 보면서 신비감을 느낍니다. 옹달샘 물을 마시면서 "내가 주는 물은 그 속에서 영생하도록 솟아나는 샘물이 되리라요 4:14." 하는 말씀을 묵상했습니다.

『들풀 위에 깃든 사랑』이라는 책을 3년 전에 출간했습니다. 저는 책을 쓰고 싶은 생각을 가져 본 적이 없었습니다. 단지 이곳에 있으면서 경험한 영적 깨달음을 글로 써서 지인들과 꾸준히 나눴습니다. 몇몇 분들이 저에게 말했습니다.

"목사님의 글이 괜찮은 것 같아요. 책으로 내면 어떻겠어요?"

그래서 그동안 쓴 글들을 모아 보았습니다. 분량이 꽤 되었습니다. 원고를 여러 기독교 출판사에 보냈습니다. 그중에 예영커뮤니케이션이라는 출판사에서 책을 출간하고 싶다고 연락이 왔습니다.

책의 내용은 대부분 홍천 도심리 마을에 와서 살면서 삶 속에서 일어난 일들을 하나님의 말씀 속에서 깨달은 것을 지인들과 함께 나눈 글입니다. 이 글은 편지로 보내졌습니다. 한 달에 한 번 어떤 때는 두 달에 한 번씩 약 10년 동안 쓴 글입니다. 이것이 하나씩 모이자 책이 되었습니다. 책상에 앉아서 단번에 쓴 글이 아닙니다. 삶의 경험을 통해 쓴 글이기에 단 번에 쓸 수가 없었습니다.

책의 내용에서 저의 영성과 교회론, 인간론, 선교론에 대해서도 알 수 있습니다. 가끔 교회나 선교 단체로부터 설교를 부탁 받습니다. 어른을 대상으로 할 때도 있고, 청년을 대상으로 할 때도 있고, 청소년을 대상으로 할 때도 있습니다. 내용도 믿음에 대해서, 영성에 대해서, 묵상에 대해서, 헌신에 대해서 다양합니다. 어떤 주제도 조금만 생각하면 말할 수 있습니다. 이것은 뭐든지 다 잘할 수 있다는 것을 자랑하려는 것이 아닙니다. 모든 주제가 결국에는 하나로 연결되어 있기에 할 수 있습니다.

하나님은 "창세전에 그리스도 안에서 우리를 택하사엡 1:4" 우리를 향한 구원의 계획을 이루셨습니다. 하나님은 모세를 통해 이스라엘의 구원을 준비하셨는데, 80세까지 기다리셨습니다. 아론을 준비시키셨고, 바로를 준비시키셔서 무르익었을 때에 하나님은 비로소 사용하셨습니다. 유명한 설교가들, 뛰어난 영성 작가들을 보면서 바쁜 중에 어떻게 저렇게 많은 책을 쓸 수 있으며, 설교를 할 수 있을까를 생각해

봅니다. 이것은 다른 것에 있지 않고 준비해 둠에 있습니다. 저는 들풀이라는 편지글을 쓰기 위해서뿐만 아니라 어떤 주제에 대한 글을 쓰기 위해 준비해 둡니다.

책상에 카드 상자를 준비해 두었습니다. 책을 읽거나 어떤 사건을 통해 받은 감동이 있으면 주제별로 카드에 기록해 둡니다. 그리고 나중에 필요할 때, 꺼내서 사용합니다. 설교도 마찬가지입니다. 저의 글과 설교는 제가 준비해 두었던 것에서 나오는 것입니다.

"게으른 자여 개미에게 가서 그가 하는 것을 보고 지혜를 얻으라(잠 6:6)."

개미의 지혜가 무엇일까요? "여름 동안에 예비하며잠 6:8"입니다. 개미의 지혜는 예비하는 지혜입니다. 겨울이 오기 전에 먹을 양식을 예비합니다. 겨울에 그것을 하나씩 꺼내 먹으면서 생존합니다. 예비하지 않은 개미와 베짱이는 죽습니다. 어떻게 주님의 일을 잘할까를 생각하기 전에 주님의 일을 위해 무엇을 어떻게 예비할까를 생각해야 합니다. 이것이 지혜입니다.

능력을 나타내기 전에 예비해야 하는 것은 기도입니다. 기도로 예비 된다면 능력은 마르지 않는 옹달샘처럼 흘러나오게 될 것입니다.

자연으로 돌아가라

"목사님, 큰딸이 목사님께 드리라고 게를 보내 왔어요."

"정말 싱싱해요. 제가 그것으로 게장을 담갔어요."

"냉장고에 넣어 두었으니 하나씩 꺼내 드세요."

주일 예배를 마치고 성도들과 인사를 나누고 있었습니다. 교회 마당에 있는 노란 국화꽃들이 고개를 흔들면서 우리에게 미소를 보냈습니다.

김정옥 성도님이 제 옆으로 바짝 다가와서 비밀스러운 말을 하려는 듯이 속삭였습니다. 두 눈을 이리저리 굴리는 모습이 다른 사람들을 의식하고 있었습니다. 하도 심각하게 말했기 때문에 '게'를 '개'로 말하는 줄 알았습니다. "게장은 냉장고에 넣어 두었어요."라는 말을 듣고서야 이해했습니다.

혼자서 밥 먹을 때 게장을 하나 꺼내 먹었습니다. 게의 가슴에 있는 흉배와 같은 껍질을 열어 젖혔습니다. 안에는 간장이 잘 배어 있는 속살이 보였습니다. 큼지막하게 썰어져 있는 고추와 양파가 함께 있었습니다. 간이 잘 밴 게장의 향기가 코 속으로 들어왔습니다. 다른 반찬에는 눈길 한번 주지 않고 게장으로만 밥을 먹었습니다. 짭짤하고 맛있는 게장 덕분에 밥 한 공기를 게 눈 감추듯 먹어 치웠습니다. 성도님의 사랑의 마음이 충분히 전달되는 행복한 식사 시간이었습니다.

저는 식사할 때, 가끔 마른 멸치를 간장에 찍어서 먹곤 합니다. 먹으면서 어린 시절을 생각합니다. 보릿고개가 있었던 옛날에는 멸치를 간장에 찍어 먹는 것이 다반사였습니다. 멸치 머리와 똥을 떼어낸 후에 간장에 찍어 먹으면 얼마나 맛있는지 모릅니다. 진수성찬이 아닌 멸치만으로도 밥 한 공기는 충분히 맛있게 먹을 수 있습니다. 먹고 난 후에 숭늉 한 그릇 들이키면 온 세상을 얻은 것과 같이 행복했습니다.

지금은 과거 3-40년 전보다 물질적으로 훨씬 풍부합니다. 도심리 마을도 산골이지만 집집마다 자동차와 트랙터, 경운기가 있습니다. 그러나 시골 인심은 진짜 옛말이 되었습니다. 농부들에게서 순박함보다는 욕심에 가득 찬 모습을 봅니다. 농부들은 과거보다 많이 먹고, 많이 소유하고, 많이 누리고 있지만 마음은 공허합니다.

무엇이 문제일까요? 인간이 만들어 낸 세계에 파묻혀 있기 때문입니다. 농사는 농약과 화학 비료로 시작해서 끝을 맺습니다. 많이 생산

하기 위해서 비닐하우스를 사용합니다. 그것도 모자라 땅에다 비닐을 덮어씌웁니다.

자연 속에 있으면서 자연을 잃어버린 농부들을 봅니다. 시골에도 TV, 인터넷, 스마트폰, 김치 냉장고, 전자레인지, 기름 보일러, 모두 인위적인 것들로 가득 차 있습니다.

마을 회의를 하다가도 조금 늦어지는 듯하면 말합니다.

"반장님, 빨리 끝내세요. 연속극 봐야 합니다."

김장 김치를 땅에 묻을 필요 없이 바로 김치 냉장고로 갑니다. 농사를 짓기 위해 뻐꾸기 소리를 들을 필요도 없고, 파종을 위해 배꽃이 피는 것을 관찰하지 않아도 되고 된서리가 내린다는 상강霜降이라는 절기를 조바심 나게 바라보지 않아도 됩니다.

하나님이 인간을 제일 먼저 창조하지 않았습니다. 자연 만물을 창조하신 후에 마지막으로 인간을 창조했습니다. 자연은 인간이 살아가는 데 있어서 완전한 환경이 되었습니다. 인간은 이미 만들어진 자연의 질서 속에 들어가 적응하면서 살도록 창조되었습니다.

자연의 질서를 인간에게 맞추려고 시도할 때 엄청난 부조화가 발생합니다. 자연 속에서 생각하고, 자연 속에서 살고, 자연 속에서 삶의 가치를 발견해야 합니다. 하나님은 자연 속에 그의 영광과 신성을 계시해 놓으셨습니다롬 1:20. 하나님은 인간에게 자연을 잘 섬기라는 천명天命을 주셨습니다.

"여호와 하나님이 그 사람을 이끌어 에덴동산에 두사 그것을 다스리며(창 2:15, 개역한글)"

"다스리며"의 히브리어 "아바드עָבַד, abad"는 "경작하다, 섬기다"의 뜻이 있습니다.

사람은 자연을 떠나서는 존재할 수 없습니다. 하나님의 말씀에 대한 이해는 자연 속에서 바라볼 때 완전해집니다.

문자가 없던 시대에 인류는 자연을 통해 하나님의 말씀을 체험했습니다. 노아 홍수 시대 이후에 지금까지 하늘에 떠 있는 무지개만큼 하나님의 영원하신 약속을 표현한 것이 있을까요? 지금도 문자가 없는 족속도 많고, 글을 모르는 문맹자도 많습니다. 그들에게 하늘은 하나님의 옷자락이고, 이마의 땀을 식히는 바람은 하나님의 성령입니다. 들에 핀 나리꽃은 하나님의 사랑을 말씀하고, 사계四季는 하나님의 위대한 섭리를 보여 줍니다.

문자로 된 성경을 통해서가 아니라 자연 속에서 생명의 말씀을 볼 수 없을까요?

"하늘이 하나님의 영광을 선포하고 궁창이 그의 손으로 하신 일을 나타내는도다(시 19:1)."

시편 19편 1절 말씀에서 "선포하고", "나타내는도다"의 동사를 영어 성경NASB, NRSV, YLT에서는 현재진행형으로 표현하고 있습니다. 단순한 사물이 아니라 하나님의 현존을 표현하는 생명체가 자연입니다.

우리 교회를 방문한 목사님들과 현대교회와 목회자들의 총체적 위기에 대해서 대화를 나누는 중에 저의 견해를 말씀드렸습니다.

"우리 교회와 목회자들이 주님과 함께한다고 하는데 늘 영성의 공허함을 느끼는 것은 자연을 멀리하거나 자연을 잃어버린 결과라고 생각합니다."

하나님의 말씀은 인간에게만 국한된 것이 아니라 모든 피조 세계를 포함합니다.

"하늘이여 들으라 땅이여 귀를 기울이라(사 1:2)."

모든 피조물은 하나님의 자녀들이 나타나기를 간절히 원하고 있습니다롬 8:19. 하나님의 모든 창조 세계를 포함합니다. 우리들은 아파트, 자동차, 스마트폰, 컴퓨터, 인스턴트식품과 같은 인위적 세계로 둘러싸여 있습니다.

18세기 루소의 외침은 지금 우리들에게는 얼마나 더 큰 외침이 되어야 할까요?

"자연으로 돌아가라!"

침묵

두 발을 땅에 깊게 묻고 꼼짝하지 않을 것 같았던 겨울 장군이 누가 뭐라고 하지도 않았는데 눈꼬리를 내리며 뒤로 물러서고 있습니다. 새들은 오랜만에 만난 친구처럼 좋아서 날개를 부딪치며 창공을 활보합니다. 고요한 것 같은데 엄청난 변화가 일어나고 있는 세상이 참 신기합니다. 하나님이 지구의 자전축을 태양을 향해 약간 기울여 놓았을 뿐인데 세상은 새로운 옷으로 갈아입고 있습니다. 아직도 산기슭에는 눈이 있고 시냇물의 덧물로 생긴 얼음 거캐는 소 혓바닥처럼 늘어져 있지만 그 밑으로 흐르는 물소리가 낭랑합니다.

원두막이 있는 밭 양지쪽에 무덤이 하나 있습니다. 지금도 1년에 두 차례 벌초하러 자손들이 옵니다. 옛날에는 이곳에 화전민들이 다섯 가구나 있었다고 합니다. 당시에는 이 산골짜기가 꽤 북적거렸을 것입니다. 이제 곧 무덤 주위에 할미꽃이 필 것입니다. 무덤 옆에는 돌로 쌓아 만든 야트막한 돌담이 있습니다. 원래는 집터였는데, 이사 가면서 이곳을 무덤으로 만들었다고 합니다.

요즘에 자주 이곳으로 산책을 갑니다. 우리 집 강아지인 미래와 둘로스가 앞서거니 뒤서거니 하면서 저와 동행했습니다. 그들은 덤불에서 작은 소리만 들려도 귀를 쫑긋 세우고 확인하기 위해 쏜살같이 그곳으로 뛰어갔습니다.

무덤은 잘 정돈되어 있었습니다. 숨을 고른 후에 하늘을 향해 벌렁 드러누웠습니다. 잣나무 가지 사이로 보이는 하늘과 호빵처럼 생긴 작은 구름 건너편에 있는 무한한 공간을 바라보면서 말을 걸었습니다.

"너는 언제부터 있었니?"

등을 바치고 있는 땅에게도 말을 걸었습니다.

"너는 어떤 역사를 간직하고 있니?"

무덤에게도 말을 걸었습니다.

"여기에 살았던 사람들을 소개해 줄 수 있니?"

아무 대답이 없었습니다. 침묵으로 서로 이어져 있었습니다.

나 자신에게도 말을 걸어보았습니다.

"너는 왜 여기에 드러누워 있니?"

역시 할 말이 없었습니다.

교회를 방문하는 사람들로부터 가장 많이 듣는 질문은 "목사님, 여기 어떻게 오시게 되었나요?"입니다. 이것에 대해 딱히 대답할 말이 없습니다. 왜냐하면 제가 이곳을 오고자 해서 온 것이 아니기 때문입니다. 저의 대답은 "저도 잘 모르겠습니다."입니다.

제가 신학을 공부하게 된 것은 저의 의지나 헌신에 의한 것이 아니었습니다. 그래서 신학교를 다니는 동안 너무 고통스러웠습니다. 마침내 신학 공부를 중단하기로 단단히 결심했습니다.

그 당시 신학교 정문을 나오면서 하늘을 향해 손가락질하며 소리쳤던 것을 아직도 기억할 수 있습니다.

"하나님, 당신은 없습니다."

저의 외침에 대해 하나님은 침묵하셨습니다.

그러나 수년 동안 방황하던 저를 하나님은 굴복시키셨습니다. 하나님의 사랑을 체험한 저는 하나님께 저의 충성을 드렸는데 바로 선교사로 헌신하는 것이었습니다. 선교사 훈련을 받기 위해 호주에 약 4년간 있었습니다. 호주 한인 교회에서 목회의 기회도 있었지만 오로지 선교사로 나가야 한다는 생각 때문에 한국으로 돌아왔습니다.

북아프리카 미전도 종족 선교사로 나가기 위해 준비하는 동안 한국 교회의 영적 위기를 보았습니다. 세속화와 개교회 중심적인 한국 교회를 바라보면서 사도행전에 나오는 초대교회와 같은 공동체를 만들고 싶은 열정이 일어났습니다. 초대교회의 성령 공동체의 모습을 보면서 선교사로 나가기 전에 선교 공동체를 세우고 공동체 영성을 훈련하기로 했습니다. 뜻을 같이하는 몇몇 형제자매와 함께 찾고 찾아서 발견한 곳이 강원도 홍천 도심리 마을이었습니다.

공동체 영성을 가지고 도심리 마을 영혼들을 섬기면서도 때가 되면 선교사로 나가리라는 생각을 늘 가졌습니다. 그러나 하나님은 이곳의 영혼들을 향한 복음의 문을 여셨습니다. 마을 주민의 요청으로 교회가 개척되었습니다. 하나님은 제가 열정을 가지고 준비하던 해외 선교를 접고 도심리 마을에 하나님 나라를 건설하는 계획을 진행하셨습니다. 저와 어떤 의논도 없으시고 말씀도 없으시고 침묵으로 이끄셨습니다.

교회 개척 후에도 선교에 대한 미련을 버리지 못하고 있던 저에게 어느 날 하나님은 스쳐 지나가는 바람처럼 말씀하셨습니다.

"이곳이 네가 그토록 가기를 원하던 선교지다."

뒤돌아보니 모든 것이 저의 뜻대로, 열정대로 된 것은 없었습니다. 뜻하지 않았던 때에 좋은 기별이 오듯이 하나님의 손길은 침묵 가운데 늘 저와 함께 계셨습니다.

계절이 변하고 세월은 쉬지 않고 흐르고 있습니다. 역사의 엄청난 소용돌이가 몰아칩니다. 왕들과 권력자들은 자신을 신으로 여기며 천하를 손에 넣으려고 날뛰고 있습니다. 수많은 종교가 등장했다가 사라졌습니다. 심오한 사상들이 한 시대를 풍미하고 인간의 지식으로 발생한 과학의 힘은 실로 신의 영역까지 다다를 기세입니다.

이러한 변화 앞에서 하나님은 침묵하십니다. 언제 한 번 인류를 향해 속 시원하게 우레와 같은 소리를 발하신 적이 없습니다. 하나님이 친히 나타나지 않는다 하더라도 힘 있는 천사를 보내 인류에게 하나님의 능력과 영광을 나타낼 수 있는데, 전혀 그렇게 하지 않으십니다. 사람들이 기대하는 것처럼 하나님은 자신을 드러내지 않습니다.

도심리에서 주님을 위해 헌신된 삶을 살고 하나님 나라에 대한 소망을 갖고 있지만 하나님은 오히려 저보다 덜 열정적인 것 같았습니다. 오히려 하나님은 침묵하고 계십니다.

침묵하시는 하나님, '침묵'이라는 히브리어 '하라쉬הרש'는 "벙어리가 되다, 조각하다, 고안하다."의 뜻이 있습니다. 시편 기자도 하나님의 침묵을 답답해했습니다.

"하나님이여 침묵하지 마소서(시 83:1)."

침묵하고 계신 모습이 꼭 벙어리와 같은 하나님을 연상할 수 있습니다. 침묵하시지만 하나님은 무엇인가를 계속 작업하고 계십니다. 이것이 어떤 일에 매우 몰두해 계신 하나님의 모습입니다.

어둠이 없는 빛이 있을 수 없는 것처럼 침묵이 없는 소리가 있을 수 있을까요? 소리는 침묵이라는 배경 속에서 표현됩니다. 침묵이 없이는 소리도 없습니다. 성경의 역사와 경건한 자들의 역사를 통해 알 수 있는 것은 하나님은 소리를 통해서보다는 침묵으로 말씀하시는 경우가 더 많았습니다. "은밀한 중에 계신 네 아버지"와 "은밀한 중에 보시는 네 아버지께서" 기도에 응답하십니다마 6:6. 하나님의 대화 방법은 침묵입니다. 우리를 은밀한 침묵 속으로 들어오라고 초청하십니다.

하늘을 올려다보며 찬양했습니다.

♬ 엄숙한 침묵 속에서
뭇별이 제 길 따르며 지구를 싸고 돌 때에
들리는 소리 없어도 내 마음 귀가 열리면
그 말씀 밝히 들리네
우리를 지어 내신 이
대주재 성부 하나님♪

4부

벗

고통하는 사랑

임 씨 아저씨 논 오른편에는 오래된 느티나무가 서 있었습니다. 그 나무 아래에는 평상이 놓여 있습니다. 가끔 그곳에서 일하다가 쉬고 계신 아저씨의 모습을 보았습니다. 오래된 밤나무, 자작나무, 심지어 소나무까지 베어 버렸는데 이 느티나무만은 아껴 두었습니다. 아저씨가 돌아가시면서 유언으로 느티나무 위쪽에 산소를 쓰라고 해서 지금은 그곳에 아저씨의 묘가 있습니다.

아저씨가 느티나무를 왜 그렇게 아꼈는지 모릅니다. 그런데 어느 날 나무들이 푸른 잎으로 무성해야 할 오월에 이상하게 그 느티나무는 붉게 물들고 있었습니다. 차를 타고 지나다니면서 붉게 물들어 가는 느티나무를 보며 '원래 단풍나무였나?'라는 의문을 가졌습니다. 그런데 집 근처에 있는 살구나무도 붉게 물들고 있었고, 은행나무는 가을도 아닌데 잎이 떨어지고 있었습니다.

수요 기도회를 마치고 조 집사님이 전해 준 소식으로 그 이유를 알게 되었습니다.

"목사님, 유경동 성도님이 무척 곤란한 일을 당했습니다."

"무슨 일인데요?"

내용을 들어보니 정말 큰일이 일어났습니다. 유경동 성도님은 예수를 믿고 교회 나온 지 얼마 되지 않았습니다. 간경화 2기 판정을 받았고, 치료 중에 있지만 잠시도 쉬지 않고 농사일을 합니다.

2년 전에 임 씨 아저씨가 돌아가시고, 6개월 후에 아주머니가 돌아가셨습니다. 반장이었던 제가 마을장으로 장례를 잘 치렀습니다. 이때 춘천에 살고 있는 큰아들은 저에 대해서 매우 고마워했습니다.

두 분이 돌아가시면서 임 씨 아저씨 집은 비게 되었고, 집이 없어서 텐트에서 지내던 유경동 성도님이 월세로 살게 되었습니다. 그런데 집 주변에 있던 나무들 중에 그늘이 져서 농사에 방해가 된다며 느티나무, 은행나무, 고야나무를 제초제로 말려 죽였습니다.

모든 사실을 알게 된 주인은 한마디 상의도 없이 자신의 부모님이 아끼던 나무를 죽인 것에 대해 몹시 화를 내면서 집을 비워 달라고 한 것은 물론, 감정가에 의해 나무 값을 변상하라고까지 했습니다. 나무는 보통 40년이 넘은 것이어서 느티나무는 약 300만 원, 은행나무는 약 500만 원 정도였습니다. 유경동 성도님에게는 엄청난 금액입니다. 이것 때문에 근심이 이만저만이 아니었습니다.

이 소식을 듣고 더덕밭에서 일하고 있는 유경동 성도님을 찾아갔습니다.

“목사님, 제가 왜 그렇게 했는지 모르겠어요. 제가 정신이 어떻게 됐나 봐요. 농사만 지어서는 도저히 살 수 없어서 제 아내는 홍천읍 식당에서 일하고 있는데 …. 아내에게도 면목이 없어요. 정말 죽고 싶어요.”

이렇게 말하는 유경동 성도님의 얼굴은 사색이 되어 있었습니다. 듣고 있던 저의 마음속에도 시커먼 어둠이 몰려왔습니다. 건강을 생각하면서 알맞게 일하고 주님만 의지하는 믿음으로 살기를 바랐습니다. 늘 농사일에 매여 있는 모습에 가슴이 아팠는데, 훨씬 더 절망적인 상황에 놓이자 고통이 저에게도 몰려왔습니다. 속으로 하나님께 기도했습니다.

‘하나님, 어떻게 해야 합니까? 어떻게 해결할 수 있나요?’

그때 하나님이 한 가지 해결책을 주셨습니다. 교회에는 유경동 성도님이 죽인 나무의 크기와 비슷한 느티나무, 은행나무, 고야나무가 있습니다. 그 나무로 죽인 나무를 대신하자는 제안을 주인에게 하기로 했습니다.

이틀 후에 주인을 만나기로 했습니다. 유경동 성도에게 집주인을 만나기 전에 하나님께 기도하라고 했습니다.

“하나님, 도와주세요. 이번만 살려 주세요.”

저와 유경동 성도가 주인을 만나서 먼저 백배사죄한 후에 교회 나무로 대신하겠다고 제안했습니다. 놀라운 일이 일어났습니다. 그렇게 강하게 나오던 집주인의 말과 태도가 부드럽게 바뀌기 시작했습니다. 나중에는 모든 것을 이해하고 용서하기로 했습니다.

"이미 나무가 죽은 걸 어떻게 하겠어요. 다음에는 꼭 의논하고 하세요."

하나님이 그의 마음을 움직여 주셨습니다. 유경동 성도님은 죽다가 살아났습니다. 무거운 짐을 벗어 버렸습니다. 주일 예배 때, 그동안 있었던 일을 간증했습니다.

"하나님이 친히 도와 주셨습니다. 이제부터 하나님만 의지하며 살겠습니다."

모든 성도가 은혜를 받았습니다. 이번 사건으로 저의 마음이 어두워지고 유경동 성도로 인해 큰 고통을 겪었습니다. 제가 겪었던 고통은 하나님의 고통이었고, 이 고통은 하나님의 사랑에서 나왔습니다.

한 꿈을 꾸었습니다. 피투성이의 모습으로 길가에 버려진 체 두려움과 공포에 질려있는 저의 둘째 딸의 모습을 보았습니다. 사나운 짐승들이 나타나고 어떤 위험스러운 상황이 벌어질 것만 같았습니다. 그것을 바라보면서 울부짖음으로 꿈에서 깬 적이 있습니다. 예레미야 선지자의 말씀이 바로 저의 고백입니다.

"딸 내 백성이 상하였으므로 나도 상하여 슬퍼하며 놀라움에 잡혔도다(렘 8:21)."

사랑에 빠진 고통보다 더 큰 고통이 있을까요? 하나님은 우리를 향해 지금도 이런 고통하는 사랑에 빠져 있습니다. 하나님이 우리와 관계없다면, 고통하지 않을 것입니다. 고통은 사랑하고 있다는 증거입니다. 우리를 사랑하시는 예수님은 우리를 위해 일부를 주신 것이 아니라 그의 전부Himself; 갈 2:20를 주시면서 고통하셨습니다. 왜 이렇게 하나님은 고통하실까요? 우리를 사랑하기 때문이라고 하면 너무 뻔한 대답일 겁니다. 그 이유는 하나님과 우리는 하나이기에 우리가 고통하고 있으니 하나님도 당연히 고통하는 것입니다.

"아버지께서 내 안에, 내가 아버지 안에 있는 것 같이 그들도 다 하나가 되어 우리 안에 있게 하사(요 17:21)"

그래서 신학자 위르겐 몰트만Jürgen Moltmann은 『십자가에 달리신 하나님』이라는 책에서 하나님과 예수 그리스도를 동일시했습니다. 하나님은 우리를 사랑하십니다. 그 사랑은 바로 우리와 하나 됨에서 나옵니다. 우리의 고통이 하나님의 고통이 됩니다. 그러므로 고통은 하나님과 우리가 사랑으로 하나 되는 과정입니다. 하나님이 우리를 향해 고통하는 사랑을 하듯이 우리도 하나님을 향해 고통하는 사랑을 해야 하지 않을까요?

나라면

2층 복도에는 전신 거울이 놓여 있습니다. 다른 때는 몰라도 주일 아침 예배를 드리기 위해 교회로 가기 전에 꼭 한 번은 거울 앞에 서서 몸 전체를 봅니다. 거울을 보면서 머리를 쓰다듬어 보고 옷매무시도 툭툭 건드려 봅니다. 가끔은 거울에 비친 저를 보면서 말을 걸어 보기도 합니다.

어느 주일이었습니다. 그때 설교 제목은 "라면"이었습니다. 설교 초입에 두 가지의 라면을 늘 먹어야 한다고 말했습니다. 첫째는 "예수라면"이고, 둘째는 "지금이 마지막이라면"이라고 했습니다. 두 라면을 그리스도인인 우리들이 어떻게 살아야 하나를 결정하는 기준으로 삼자고 했습니다. 마을 사람들도 그렇고, 방송에서 떠드는 정치인들도 그렇고, 심지어는 교회 성도들도 마찬가지로 어느 누구 하나 자신의 잘못을 시원하게 인정하는 사람을 찾아보기 어렵습니다. 모두 자신들은 잘못이 없다고 아우성입니다.

이것은 모두 자기 자신이 보는 관점으로 자신을 보기 때문입니다. 자신을 객관화해야 하는데 이것이 두려운 것입니다. 전신 거울 앞에 비친 자신을 바라보면서 외모를 보는 것이 아니라 속사람을 본다면 깨끗한 모습보다는 더럽고 추한 모습이 더욱 많이 보일 것입니다. 이것은 거울 뒤에 비친 자신만이 알 수 있는 모습입니다.

요즘 방송과 사회에서는 청소년들에게 혹은 정신적으로 약해 있는 현대인들에게 강조하는 것 중 하나는 자존감을 높이는 일입니다. 자신만이 가지고 있는 독특함과 세상에서 하나뿐인 자신의 존재를 소중히 여기라고 강조합니다. 이것을 지나치게 강조하다 보니 없는 자신감도 만들어 낼 정도입니다.

자신을 소중하고 유일한 존재로 여김과 동시에 타인에 대해서도 똑같은 마음을 가져야 하는데 타인에 대해서는 오히려 무시와 무관심을 갖는 경향으로 나타납니다.

여기에 두 가지가 필요합니다. 하나는 전신 거울 앞에서 자신을 보는 것이고, 다른 하나는 아씨시의 성녀 글라라의 말처럼, "그리스도는 영원한 영광의 광채시오 영원한 빛의 반사시며 티 없는 거울이시니, 이 거울을 매일 들여다봐야 합니다고후 3:18."입니다.

두 가지 라면을 매일 먹어야 한다고 설교한 후, 얼마 지나지 않아라면의 효과가 나타났습니다. 김대영 집사님은 우리 마을로 귀촌하신 분이십니다. 서울에서 교회를 다녔기에 귀촌 후에 우리 교회에 나오게 되었습니다. 몇 년을 살면서 제가 반장으로 마을 사람들과 함께 살아가는 모습을 지켜보았습니다. 다 좋은데 사람들이 목사인 저를 함부로 대하는 것 같아서 그것이 늘 마음이 불편했던 모양입니다.

그중에서 특별히 김영술 씨에 대해서 감정이 안 좋았습니다. 김영술 씨는 김 집사님보다 나이가 어립니다. 어린 나이에 저에게 뿐만 아니라 집사님에게도 무례하게 대하는 태도를 언젠가는 바로잡아야겠다고 벼르고 있었습니다. 그러던 중 마을 회식 자리에서 술이 오가다가 감정이 폭발했고, 둘 사이에 한바탕 싸움이 벌어졌습니다.

사건이 터지고 나서 두 사람은 등지고 지냈습니다. 그러던 중, 집사님이 "라면" 설교를 들었습니다. "예수라면, 어떻게 하셨을까?"를 생각한 집사님 부부는 김영술 씨를 찾아갔습니다. 예수님이라면 분명히 먼저 찾아가서 사과했을 것이라고 생각했기 때문입니다. 용기를 내어 찾아가서 미안하다고 하자 김영술 씨도 사과를 받아들이고 서로 화해했습니다.

그 이야기를 듣는 순간 저의 마음도 따뜻해짐을 느꼈습니다. 분명히 두 사람은 그들 사이에서 괴롭히던 모든 정신적 분노와 미움으로부터 자유를 얻었을 것입니다. 만약 자신에게만 사로잡혀 있고 모든 사건을 이기적인 관점으로 본다든지 자신은 옳고 타인은 잘못됐다고 판단한다면 절대 화해의 손을 내밀지 못할 것입니다. 전신 거울을 보듯이 자신에게서 빠져 나와서 자신을 봐야 합니다. 더 나아가서 영혼의 거울이신 예수님의 관점에서 나를 본다면 나를 정확하게 볼 수 있을 것입니다.

"나라면", 이것은 욥의 친구 엘리바스의 표현입니다.

"나라면 하나님을 찾겠고 내 일을 하나님께 의탁하리라(욥 5:8)."

엘리바스는 욥이 죄를 지었기 때문에 고난을 받는 것이고 마땅히 벌을 받으라고 말합니다.

"죄 없이 망한 자가 누구인가?(욥 4:7)"

"너는 전능자의 징계를 업신여기지 말지니라(욥 5:17)."

엘리바스는 '나라면 너처럼 하지 않을 거야!'라고 생각하고 있습니다. 나라면 지금 대통령보다도 더 잘할 수 있고, 나라면 지금 목사들보다 목회를 더 잘할 수 있고, 나라면 지금 부모님보다 더 잘할 수 있다고 생각합니다. 엘리바스는 욥과 같은 고난의 자리에 처해 있으면 훌륭하게 이길 수 있다고 말합니다.

그러나 오히려 다음과 같은 자세가 욥에게 큰 위로가 되었을 것입니다. "만약 내가 너와 같은 고난을 받으면 나도 너와 똑같았을 거야!"

라고 말하면서 고난의 자리에 함께 있어 주는 것입니다. 예수님은 조용히 인간의 고난과 가난, 죄악의 자리에 내려오셔서 함께하셨습니다.

"나라면"이 아니라 "예수님이라면"과 "지금이 마지막이라면"을 늘 묵상하면 죄와 싸울 용기가 생길 것이고, 가장 소중하고 의미 있는 삶을 살게 될 것입니다.

담당

홍천터미널에서 버스를 타고 서울로 가는 중이었습니다. 좌석에 기대어 눈을 붙이려는데 뒷주머니에 있던 핸드폰이 진동했습니다. 뚜껑을 열고 보니 낯선 전화번호였습니다. 망설이다가 받았습니다.

"혹시, 도심리교회 홍동완 목사님이세요?"

"제가 인터넷에서 도심리교회 사진을 보고 연락드립니다. 교회가 예쁘고 너무 아름다워요. 제가 아는 분이 그곳에서 결혼식을 하기 원하는데 괜찮을까요? 결혼하실 분은 연예인이고요. 하객은 없고 당사자들끼리만 하겠대요."

말하고 싶은 내용을 순식간에 쏟아 놓았습니다. 연예인이기 때문이 아니라 우리 교회에 대해서 좋은 이미지를 가지고 둘만의 조촐한 결혼식을 가지려는 의도가 마음에 들어서 허락했습니다.

"얼마든지 좋습니다. 그런데 사진으로 보는 것과 실물은 차이가 있습니다. 한번 답사를 하시고 결정하세요."

그러자 사진작가와 일정을 의논해서 방문하겠다 하고는 전화를 끊었습니다. 몇 달이 지나도 연락이 없어서 까맣게 잊고 있었는데, 전화가 왔습니다. 10월 말에 결혼을 계획하고 있고, 그 전에 답사를 오겠다고 했습니다.

답사를 약속한 날에 예식 담당자와 사진작가가 왔습니다. 비포장도로가 있는 시골 교회에 무거운 벤츠를 끌고 왔기에 차에 대한 염려가 앞섰습니다. 교회와 주변을 둘러보고는 마음에 들어 했습니다.

"목사님, 룰라의 김지현 씨를 아세요?"

룰라라는 말을 듣는 순간 무슨 과자 이름인 줄 알았습니다. 노래하는 가수 그룹의 이름이었습니다. 모른다고 하자 설마가 사실이 되었다고 하면서 90년대 매우 왕성하게 활동했다고 설명했습니다.

요즘 젊은이들 사이에 자신들끼리만 결혼하는 경향이 있다는 소리를 들었습니다. 저에게도 결혼 주례를 부탁했지만, 매우 짧게 해 달라고 하면서 성혼 성언과 결혼 증명서에 주례자 사인을 부탁했습니다. 신부인 김지현 씨는 교회에 성실하지는 않지만 다니고 있고, 신랑도 과거에 대학에서 기독교교육을 공부했기에 기독교 결혼 예식을 진행하기에 문제가 없었습니다. 서로의 나이가 40대 중반을 넘어선 늦은 결혼이었습니다.

결혼식 당일에 예식장인 교회 안에는 신랑, 신부, 사진사, 담당 코디, 피아노를 담당한 제 아내와 주례자인 저만 있었습니다. 하객으로는 마을 주민들이 오셔서 교회 밖에서 축하해 주었습니다. 신랑 신부는 서로 팔짱을 끼고 교회 마당을 지나 입장했습니다. 짧은 하얀 드레스의 신부와 검정색 양복의 신랑의 깨끗하고 심플한 모습이 늦가을의 정취와 잘 어우러졌습니다. 교회 안에는 결혼식을 위한 어떤 장식도 없었습니다. 어느 누구를 의식할 것도 없이 둘만을 위한 결혼식을 올렸습니다.

결혼 예식을 시작하면서 하나님이 에덴동산에서 아담과 하와만 했던 결혼이 생각났습니다. 당시 하객은 동물들, 새들, 꽃들 그리고 나무와 천사들이었습니다.

간단하게 진행해 달라는 요청이 있었지만, 저 나름대로 의미 있는 예식을 준비했습니다. 입장한 신부와 신랑에게 얼굴을 마주 보게 했습니다.

"보기에 어때요?"라고 질문했습니다.

"아름다워요, 멋있어요."

서로에 대해 예상했던 표현이 나왔습니다. 우리는 사람을 선택할 때, 좋은 모습을 보고 결정합니다. 호감이 가는 외모, 풍부한 재물, 여러 장점을 보고 선택합니다. 이 두 사람도 서로 그런 면을 보고 선택했을 것입니다.

다음으로 신부는 돌아서고 신랑에게 그 등을 보게 했습니다.

"뒷모습이 어때요?"

사람의 뒷모습은 별 차이가 없습니다. 뒷모습은 그동안 서로가 잘 보지 않았던 부분이고 관심이 없는 부분이며 상대방에게 보이고 싶지 않은 약점과 같은 것입니다.

신랑에게 신부의 등을 안게 했습니다. 잠시 생각한 후에 고백하게 했습니다.

"나는 당신의 약점을 사랑하겠습니다."

신부도 신랑의 등을 포옹하고 동일한 고백을 하게 했습니다.

그 후에 서로 포옹하고 심장 박동을 느끼면서 한 번 더 사랑을 고백하게 했습니다.

"나는 나의 심장이 멎을 때까지 당신을 사랑하겠습니다."

살아서 뛰고 있는 심장으로 사랑을 고백하게 했습니다. 그 어떤 것도 뛰는 심장보다 귀할 수 없습니다.

결혼은 나 좋으라고 하는 것이기보다는 상대의 약점을 담당하는 것입니다. 상대의 약점을 담당할 마음이 바탕이 되어야 순수하고 완전한 결합이 이루어집니다. 잔잔한 감동이 솔잎에 스치는 상큼한 바람처럼 교회 안에 가득 찼습니다. 그날 주례사는 로마서 15장 1절의 말씀으로 "약점을 담당하자"였습니다.

“우리 강한 자가 마땅히 연약한 자의 약점을 담당(擔當)하고 자기를 기쁘게 하지 아니할 것이라(롬 15:1, 개역한글).”

약점이 없는 사람은 없습니다. 약점이 있다는 것은 서로 의존해야 하고 서로 필요한 존재라는 뜻입니다. 우리는 서로 필요한 존재들입니다. 강한 자만 살아남으려는 이 세대 가운데 약한 자의 약점을 담당할 때, 참된 하나님의 나라가 이루어지게 될 것입니다. 예수님은 친히 나무에 달려 그 몸으로 우리의 약점 중에 약점인 우리 죄를 담당하셨습니다벧전 2:24. 그래서 우리가 살아났습니다.

변신

이재춘 할아버지가 돌아가시고 나자 둘째 사위가 홀로 계신 신 씨 할머니를 위해 집을 새로 지었습니다. 옛집은 농가의 정겨움이 있었는데, 이제는 외양간과 농막도 삐걱거리는 대문도 없어졌습니다. 무엇보다도 마당에 있던 평상과 그 위에 머루넝쿨이 없어진 것이 못내 아쉬웠습니다. 새로 지은 집에는 제법 큰 거실이 있습니다. 겨울인 요즘 할머니는 거실에 곡식들을 여기저기 널어놓았습니다. 발 디딜 틈조차 없을 정도였습니다.

할머니는 가을걷이하다가 남은 고추를 거실 바닥에 널어놓고 곰팡이 핀 것을 가위로 하나씩 정리하고 계셨습니다. 텔레비전 앞에는 강낭콩들이 올망졸망 모여 있었습니다. 냉장고 옆에는 찌그러진 세수 대야에 흙을 채워 고구마를 묻어 놓았는데 곧 싹이 나올 기세였습니다. 쥐 눈처럼 생긴 새까만 쥐눈이콩, 흙이 묻어 있는 땅콩, 쭈글쭈글한 감자도 있었습니다.

지금 농촌에서는 씨앗 대부분을 농협에서 구매해서 심습니다. 구매해서 심는 이유는 개량된 다수확 품종이기 때문입니다. 그런데 할머니는 심었던 곡식에서 종자를 남겨 두었다가 계속해서 심습니다. 그래서 해마다 겨울에는 다음해에 농사할 씨앗을 남겨 둡니다. 아직도 할머니의 마음에는 씨앗을 소중히 여기는 마음이 남아 있습니다.

제가 거실로 들어서자 할머니는 신문지에 싼 것을 펼쳐 보이면서 자랑하듯이 말했습니다.

"목사님, 이것은 진짜 옛날 우리 오이씨에요. 제가 드릴 테니 내년에 꼭 심어 보세요."

하얗고 길쭉하고 통통한 오이씨를 받아 들면서 감탄했습니다. 토종 오이씨를 꼭 구하고 싶던 차에 이렇게 구하게 되었습니다.

"제가 토종 오이씨를 찾고 있었어요. 이거 어디서 났어요?"

"옛날부터 기르던 겁니다. 이 사람도 주고 저 사람도 주고 해서 얼만 안 남았어요. 목사님도 올해 이것을 심어 보세요. 크지는 않지만 맛이 정말 좋아요. 그리고 목사님, 여기 자주 감자도 가지고 가서 심어 보세요. 맛은 잘 모르겠는데 속이 아주 빨간색입니다."

어린 시절에 맛보았던 곡식들의 맛을 지금은 잃어버렸습니다. 구수하면서 그윽한 향기가 가득한 옥수수, 상큼하면서 시원하고 씹는 질감이 있었던 오이, 참외 맛, 무 맛, 아궁이에 불을 때고 밥을 지을 때 나는 밥 향기, 옛날에 먹었던 곡식들의 맛을 도무지 느낄 수 없으니, 혀가 둔해진 것인지 뇌가 맛의 기억을 잃어버린 것인지 품종 자체가 변한 것인지 무엇이 문제인지 잘 모르겠습니다.

올해부터는 토종 씨앗을 모으려고 합니다. 씨앗은 곧 생명입니다. 요즘 농촌에서는 곡식 종자를 소중히 여기지 않는 분위기입니다. 종자를 정부에서 공급해 주기 때문입니다. 곡식 종자의 다양함이 점점 사라지고 있습니다.

각 농가마다 조상대대로 내려오던 곡식 종자가 있었습니다. 콩의 원산지는 한국입니다. 조상으로부터 물려받은 콩 종자는 4,000가지가 넘었는데, 지금은 정부에서 보급하는 불과 몇 개의 종자를 가지고 있습니다.

중남미가 원산지인 감자가 한국에 들어온 지 180년이 되는 동안 우리나라의 각 지역의 토양과 기후의 특성에 맞게 28종류로 변신했습니다. 그런데 지금은 한 종류의 감자만 있을 뿐입니다.

벼도 마찬가지입니다. 조상들은 2,000종류의 벼 종자를 물려주었는데, 지금은 좀 일찍 수확할 수 있는 오대볍씨와 늦게 추수하는 대안볍씨만 나올 뿐입니다. 개량종으로 다수확할 수 있다고 선전하면서 농부들에게 강매합니다.

곡식 종자는 각 지역에 맞게 다양해야 합니다. 인류의 식량 위기에 대비하기 위한 것뿐만 아니라 궁극적으로는 인류의 멸망을 막기 위한 것입니다. 예를 들어, 아일랜드에서 1845년 감자의 잎마름병이 유행해서 100만 명이 굶어 죽었습니다. 주식主食으로 한 가지 종류의 감자만 심었기 때문입니다. 한 나라 안에서도 지역마다 적응된 다양한 종류의 감자를 심어야 전염병이 돌았을 때, 살아남을 수 있습니다. 같은 병충해지만 감자 종류에 따라 전염이 될 수도 있고, 안 될 수도 있습니다. 품종의 단일화, 획일화는 한순간에 함께 멸망을 맞이할 수 있습니다.

지금 세계는 언어, 통치 방법, 사상, 경제, 문화 등에서 획일화의 흐름으로 가고 있습니다. 다양화와 소형화로 가야 합니다.

"땅이 풀과 각기 종류대로 씨 맺는 채소와 각기 종류대로 씨 가진 열매 맺는 나무를 내니 하나님이 보시기에 좋았더라(창 1:12)."

땅이 주체가 되어 풀과 씨 맺는 채소와 나무를 냅니다. 그런데 요즘은 반대입니다. 오히려 씨가 주체가 되어서 땅에게 많은 열매를 맺으라고 강요합니다. 땅은 다 같은 땅이 아닙니다. 토양의 성분은 지역마다, 나라마다 다릅니다. 동일한 고구마라도 토양에 따라 맛과 소출이 다릅니다.

하나님의 복음도 마찬가지입니다. 복음이 씨라고 한다면 현지에 적응된 씨가 돼야 합니다. 그래야 견고하며 흔들리지 않습니다.

"내가 여러 사람에게 여러 모습이 된 것은(고전 9:22)"

사도 바울이 복음을 위하여 유대인과 같이, 율법 아래에 있는 자 같이, 율법 없는 자와 같이, 약한 자와 같이 된 것은 바울의 변심變心이 아니라 놀라운 변신變身입니다.

병아리의 죽음

오늘은 하늘땅공동체에서 곰취 작업하는 날입니다. 아침 일곱 시에 모이기로 했습니다. 시간이 되어 따뜻한 차와 빵을 가지고 밖으로 나갔습니다. 자연과 더불어 무농약, 무화학 비료, 무제초제, 무기경, 무욕심을 원칙으로 곰취를 재배하기 때문에 수확량은 많지 않습니다. 다른 들풀들과 함께 어우러져 있는 곰취는 매우 행복하게 보였습니다.

보통 아침 일곱 시에 모여서 간단히 다과를 나누면서 작업 설명을 하고 기도한 후에 바구니를 들고 밭으로 향합니다. 노동 시간이 되었는데, 아무도 오지 않았습니다. 어제 저녁에 마을 회의가 있었는데, 늦게 마쳤습니다. '오늘은 혼자 작업해야 하나?' 생각하면서 곰취 밭으로 발걸음을 향했습니다.

새벽이슬이 곰취 잎 가장자리에 유리구슬처럼 일정하게 맺혀 있었습니다. 하나님이 밤새 만들어 놓으신 기막힌 작품입니다. 곰취 잎을 하나하나 따서 바구니에 넣고 있는데, 부르는 소리가 나서 뒤를 돌아보니 이영수 집사님과 조익현 집사님이 바구니를 들고 서 있었습니다. 늦어서 미안하다면서 함께 곰취 잎을 땄습니다.

바구니에 곰취를 가득 채워서 내려왔습니다. 잠시 후, 이영수 집사님도 곰취 바구니를 가지고 내려와서 목련나무 그늘 아래에 있는 나무 의자에 앉아서 곰취를 박스에 넣는 작업을 도와 주었습니다. 그때 이영수 집사님으로부터 뜻밖의 놀라운 소식을 들었습니다.

"목사님, 정옥이 언니와 화해했어요."

"그래요, 참 잘하셨어요."

너무 기뻐서 이영수 집사님의 손을 덥석 잡아 주었습니다. 약 2년 전에 김정옥 집사님이 다른 이웃과 다툼이 일어났을 때, 이영수 집사님이 자기편을 들어주지 않자 그 이후부터 서운해서 말도 하지 않고 지냈습니다. 화해를 시켜 보려고 애를 써봤지만 각자 자기들의 관점에서만 말하고 상대방에 대한 쌓였던 서운한 감정만 드러냈습니다. 어느 누구도 물러서지 않았습니다.

그러다가 최근래에 한 사건이 발생했습니다. 이영수 집사님의 검은 고양이가 김정옥 집사님의 닭장에 있는 병아리 다섯 마리를 물어 죽였습니다. 이것이 서로 화해하는 계기가 되었습니다.

김정옥 집사님이 밭에서 일하고 있는 이영수 집사님을 직접 찾아갔습니다.

"영수야, 내가 이 말은 하지 않으려고 했는데 너희 고양이가 우리 병아리를 물어 죽였어. 고양이 잘 간수해라."

"언니, 미안해! 고양이 잡아서 묶어 놓을게. 그리고 병아리는 갖다 줄게."

"내가 병아리가 아까워서 그러는 게 아니야! 앞으로 고양이 잘 관리해."

헤어져서 가려다가 김정옥 집사님이 이영수 집사님을 다시 불렀습니다.

"영수야, 우리 지난날의 서운한 일들은 따지지 말고 없던 일로 하기로 하자!"

"그래, 언니, 나도 미안해!"

이렇게 해서 둘은 화해하게 되었습니다. 얼마나 감동스러운 일입니까? 이야기를 듣는 순간 제 눈가에 눈물이 맺혔습니다. 두 집사님의 깨어진 관계는 제 마음 한구석에 늘 남아서 살살 찌르는 가시였습니다.

주일 아침이었습니다. 맑고 시원한 햇빛이 낙엽송 나무를 지나 빨갛게 익은 앵두나무 사이로 십자가가 있는 유리창을 통해 예배당 안으로 들어왔습니다.

예배 중에 간증 나눔 순서가 되었습니다. 김정옥 집사님이 지난 주간에 있었던 병아리 사건과 이영수 집사님과 화해하게 된 과정을 간증했습니다. 성도들이 탄성과 박수로 함께 기뻐했습니다. 이영수 집사님도 앞으로 나와서 성도들이 보는 앞에서 서로 안아 주면서 주님 안에서 화해하는 시간을 가졌습니다. 우리 모두 얼마나 축복과 기쁨의 시간이었는지 모릅니다. 축복하는 의미로 두 손을 내밀어 "사랑의 나눔 있는 곳에 하나님께서 계시도다"라는 찬양을 함께 불렀습니다.

고양이에 의해 죽은 병아리가 희생당한 어린 양이 되었습니다. 제물처럼 죽었고, 그것이 계기가 되어 두 분의 마음이 열리게 되었습니다. 작은 병아리의 희생을 통해 엄청난 기적이 일어났습니다.

"하나님이 자기 피로 사신 교회행 20:28"라는 말씀에서 우리는 하나님이 예수 그리스도의 죽으심에 함께했음을 알 수 있습니다. 교회는 하나님의 피의 대가입니다. 그것으로 인해 교회는 하나님의 소유가 되었습니다. 또한 하나님은 구원의 창시자인 예수님을 "고난으로써 완전하게히 2:10, 표준새번역" 하셨습니다. 하나님이시면서 고난을 받으셨습니다. 고난은 새 생명을 잉태하게 할 뿐만 아니라 완전함으로 나아가게 합니다.

절망과 원망

물기 가득한 이슬이 풀잎에 여전히 맺혀 있는 이른 아침입니다. 김서환 씨가 밭에 가서 찰옥수수를 트럭으로 하나 가득 따 가지고 왔습니다. 오늘은 주문받은 옥수수를 보내야 합니다.

김영수 씨는 주문받은 명단을 보고 송장에 주소를 쓰고 있습니다. 주말에만 와서 지내다가 다시 서울로 가는 한광순 씨가 일을 도왔습니다. 한 씨는 더위에 웃통을 벗어 던지고 번들번들한 몸통을 드러내고 얼굴의 땀을 연신 닦으면서 일하고 있었습니다. 제가 다가가자 인사를 하면서 장난스럽게 말을 건넸습니다.

"목사님, 어서 오세요. 악덕 업주입니다."

김서환 씨를 두고 하는 말이었습니다.

"아니 어떻게 밥도 안 주고 일을 시키는지 모르겠습니다. 옥수수를 한 솥 삶아 놓고 배고프면 먹으면서 하라고 합니다."

찰옥수수의 겉껍데기를 벗긴 후, 박스에 담아서 포장했습니다. 덤으로 두세 개를 더 넣어 주는데, 이때가 기분이 제일 좋습니다. 포장작업 후, 하모니카를 입으로 불듯이 삶은 옥수수의 양쪽을 손으로 잡고 하나씩 입에 물었습니다.

조한규 씨는 옥수수 껍질 더미 위에 앉아서 담배를 피우고 있는데, 전화가 걸려 왔습니다. 전화를 받는 음성이 심상치 않았습니다.

“진일이 딸내미가 죽었다고? 언제? 어제? 걔가 왜?”

핸드폰을 들고 말하는 조 씨의 모습 속에서 어이없다는 표정이 역력했습니다. 통화를 마치고 우리를 향해 오면서 힘없는 소리로 읊조렸습니다.

“진일이 딸내미 다현이가 죽었데. 이제 겨우 24살인데, 우리 딸 진영이와 친군데 ….”

말을 들으면서 저도 기가 막혔습니다. 왜냐하면 저의 큰딸 조이와도 비슷하기 때문입니다. 천진일 씨는 우리 동네 밑에 있는 논틀말에 살고 있습니다. 이웃 마을이긴 해도 거리가 멀어서 자주 못 만나고 마을 행사 때나 가끔 만났습니다.

찰옥수수 배송 작업을 마치고 집에 가서 옷을 갈아입고 장례식장으로 향했습니다. 문상객이 별로 없었습니다. 해맑게 웃고 있는 다현이의 사진이 꽃장식과 함께 놓여 있었습니다. 다현이의 동생들이 상주로 문상객을 맞고 있었습니다. 국화꽃을 영정 사진 앞에 놓고 무릎을 꿇고 유족들을 위해 기도했습니다.

천진일 씨 동생이 저를 식당으로 안내했습니다. 몇몇 마을 분들이 와 있었습니다. 그들과 대화를 나누던 진길 씨는 저를 보자 놀라면서 일어나 맞아 주었습니다.

"목사님, 어찌 오셨어요?"

어린 딸의 죽음을 품고 있는 부모의 마음이 얼마나 아플까를 생각하면서 천 씨에게 위로의 말을 건넸습니다.

"얼마나 마음이 아프셔요?"

그의 표정은 오히려 담담했고, 가끔 입가에 쓴 미소를 지으면서 말했습니다.

"제 딸이 남자 친구와 함께 있었는데, 수면제를 먹었다고 합니다. 같이 먹었는데, 남자 친구는 한 알만 먹고 제 딸은 수십 알을 먹었데요. 알약은 한 알도 못 먹는 아이입니다. 그런데 수십 개의 알약을 먹었다는 것이 이해가 안 갑니다. 목사님, 제 딸은 매우 명랑합니다. 그렇게 죽을 애가 아닙니다. 경찰은 함께 있던 남자 친구를 조사만 하고 풀어 줬다고 합니다. 이상한 것이 한둘이 아닙니다."

이미 술을 어지간히 마셨기에 눈의 초점도 흐려져 있었고 가끔 횡설수설했습니다. 갑자기 일어난 사건 앞에 오만 가지 생각이 그를 짓누르고 있는 것이 분명했습니다.

저에게 한탄하듯이, 복수하듯이, 결심하듯이 단호한 표정으로 말했습니다.

"목사님, 저도 어릴 때 교회 다닌 적이 있습니다. 그동안 열심히 살아 보려고 했습니다. 힘들 때, 하나님께 빌기도 했습니다. 제가 뭐 잘못한 것이 있나요? 하나님이 살아 있다면 저에게 이러면 안 되죠. 더는 이렇게 못살겠습니다. 딸도 없고, 아내하고도 이혼할 겁니다. 그리고 하나님도 포기할 겁니다. 다 필요 없어요."

지금 천진일 씨는 절망絕望; despair과 원망怨望; blame이라는 그물에 걸려 있습니다. 절망은 빠져나갈 길이 없어서 자포자기한 상태를 말합니다. 이것은 자신의 내면을 향한 감정입니다.

사도 바울이 아시아에서 받은 고난을 "살 소망까지 끊어지고"라고 표현합니다고후 1:8. "끊어지고"에 해당하는 헬라어 단어는 "도저히 빠져나갈 길이 없는" 절망 상태를 말합니다. 사면이 벽으로 둘러싸여 있는 자신의 모습입니다. 절망이 자기 자신을 향한 것이라면 원망은 외부로 향한 감정입니다. 이스라엘 백성들은 출애굽한 후에 40년 광야의 여정 동안 모세와 하나님을 원망했습니다. 원망이라는 영단어Blame는 헬라어의 신성 모독blasphemy; βλασφημια이라는 단어에서 나왔습니다. 그러므로 원망은 외부를 향한 것이지만 궁극적으로는 하나님을 향한 것입니다. 절망과 원망이 만나는 지점은 죽음을 간직하고 있는 무덤과 같습니다. 절망은 자기 자신과 원수가 된 것이고, 원망은 하나님과 원수가 된 것입니다.

"원수 된 것을 십자가로 소멸하시고(엡 2:16)"

절망의 가로와 원망의 세로가 십자가 위에서 예수 그리스도의 죽으심으로 깨어지고 생명의 부활로 변화되었습니다.

척

≪기독공보≫라는 신문사에서 우리 교회를 취재하기 위해 왔습니다. 사진도 찍고 녹음도 했습니다. 그중의 한 질문이 저의 마음에 호수의 파장처럼 여운으로 남았습니다.

"목사님, 시골에서 목회하면서 가장 어려운 점이 뭐예요?"

이 질문을 받고 어떻게 대답을 해야 할지 망설였습니다. 교회를 개척한 이후로 주님의 나라를 위해 최선을 다해 기쁨으로 해 왔습니다. 저 스스로가 어렵다고 여겨지는 것에 대해서 생각해 본 적이 없었기 때문입니다.

어렵다는 것의 의미가 무엇일까 생각했습니다. 어렵다difficult의 영어 어원은 '기뻐하기에 힘든hard to please'이라는 뜻이 있습니다.

위의 질문을 바꿔 말하면, "목회하면서 가장 기뻐하기 힘든 것이 무엇입니까?"로 할 수 있습니다. 어렵게 만드는 것은 자신의 역량보다 더 큰 것일 경우와 원하지 않는데 해야 하는 경우입니다.

엄 씨 아저씨 댁에 갔다가 밭에 비료를 운반하는 일을 했습니다. 지게로 비료를 지고 날랐는데, 비료 한 포가 20킬로그램입니다. 저는 20킬로그램 한 포는 거뜬히 들지만 두 포인 40킬로그램은 무릎을 땅에 세우고 두 손으로 작대기를 다부지게 의지한 후에 순간적인 힘을 이용해야만 일어날 수 있습니다. 조금이라도 어그러지면 다시 주저앉게 됩니다. 그런데 옆에 있던 함 씨는 체구는 저보다 조금 더 큰데, 비료 네 포인 80킬로그램을 너끈히 지게에 지고 일어납니다. 그 모습을 보고 감탄한 적이 있습니다. 저에게 80킬로그램은 어려운 일입니다.

마을에서 반장 일을 보다 보면, 마을 사람들과 어울려야 하는 경우가 많습니다. 어떤 모임이든지 술은 필수입니다. 술을 서로 권하고 마시면서 저에게도 술을 마셔 보라고 합니다. 제가 술을 마시지 못한다는 사실을 알면서도 재미삼아 술잔을 들이댑니다. 술에 취하면 취할수록 더욱 강권합니다. 그러면 콜라 혹은 사이다를 준비했다가 그것으로 대신 잔을 받습니다. 그런 자리에서 그들과 세속적인 말을 섞으면서 대화를 나누어야 하는 분위기가 어려움입니다. 그렇다고 해서 그것을 죄악시해서 아예 피하려 들지는 않습니다.

시골의 샤머니즘적 문화가 저에게 어려움입니다. 이 문화는 사람들의 삶이 되었고 점차 사고로 굳어져서 도무지 변화의 틈이 보이지 않습니다.

"아랫마을 이 씨는 과부 귀신이 붙었데. 그래서 그 댁하고 같이 사는 남자마다 죽어 나간데. 지난번에도 같이 살던 멀쩡한 권 씨가 죽은 거 봐."

어떤 일이 잘되면, "조상 무덤을 잘 쓰더니 노났네."라고 말합니다.

기자의 질문을 받고 가장 어려운 것이 무엇일까를 생각하다가 입에서 튀어 나온 저의 대답은 이것이었습니다.

"가장 어려운 것은 바로 저 자신입니다. 제가 제일 어려워요."

대답을 해 놓고 생각해 보니 정말 맞는 말이었습니다. 제 마음 중심에서 원하는 저와 현실의 제가 너무 다릅니다. 그래서 후회할 때가 많습니다. 거룩함으로 무장하고 주님 앞에 서야 하는데, 경건의 모양은 있는데, 경건의 능력이 없을 때 어렵습니다. 경건해지려고 애써 보지만 육신의 정욕으로 너무 쉽게 무너지는 제가 어렵습니다. 제가 저를 이길 수 없습니다. 주님이 제게 기회를 주셨을 때, 더욱 주님 나라를 위하여 할 수 있는 일들이 있는데, 의지의 연약함 때문에 좌절될 때 어렵습니다.

자신이 어렵다는 것은 아직도 내가 나의 주인 노릇을 하기 때문입니다. 내가 주인이 되어서 내 마음대로 나를 끌고 가려고 하니 힘들 수

밖에 없습니다. 토마스 모어가 한 말처럼, "내가 나 자신이라고 부르는 성가신 물건"입니다. 능력 이상의 일을 할 수 있는 것처럼 하거나 성가신 물건 같은 자신을 아름답게 꾸미면서 그것을 유지하려고 하니 어렵습니다.

시골에서는 무당개구리를 쉽게 볼 수 있습니다. 몸에서 독을 뿜어내고, 두꺼비처럼 거친 피부를 가지고 있으며, 등에는 초록과 검정색으로 얼룩져 있지만 배는 빨갛고 검은 줄무늬로 되어 있습니다. 보기에도 징그럽고 친근하지 않습니다. 그런데 매우 겁이 많아서 자신이 위협을 받게 되면 빨간 배를 금방 까뒤집고 죽은 척합니다. 그 모습이 얼마나 우스운지 모릅니다. 손과 발을 뒤로 잔뜩 움츠리고 최대한 빨간 배를 보이려고 힘쓰면서 정지해 있다가 얼마의 시간이 지나면 몸을 다시 풀고 갈 길을 갑니다. 살기 위해서 최대한 죽은 척하는 모습이 매우 힘들어 보입니다.

개역개정 성경 잠언서에 '정직'이라는 단어가 31번 나옵니다. 잠언은 31장으로 되어 있고 매일의 삶 속에서 한 번은 정직하자라는 함의含意가 들어 있습니다. 사람들은 살기 위해서 혹은 인정받기 위해서 우는 척, 웃는 척, 죽은 척, 배운 척, 가진 척합니다. 그러나 실상은 거짓입니다. 죽은 척하는 것은 죽은 것이 아닙니다. 예수님은 하나님의 아들이시면서 이 땅에 오셔서 십자가에 못 박혀 죽으셨습니다. 예수님은 십자가에서 죽은 척한 것이 아니라 진짜 죽으셨습니다. 이런 진실한 죽음이 지금까지 우리에게 생명을 줍니다. 거짓은 진실을 이길 수 없습니다.

잠시 나의 걸음을 멈추고 척하고 있는 것들은 없는지 점검해야 합니다. 있다면, 내려놓아야 합니다. 그리고 정직함으로 주님 앞에 서면, 나의 어려움이 하늘의 평화로 바뀔 것입니다.

♬ 정결한 맘
그 속에서 신령한 빛 비치오니♪

하모니

지난 성탄절이었습니다. 손 글씨에 우표까지 붙은 카드 한 장을 받았습니다. 우리 마을 노제이골 입구에 사는 김순애 씨가 보냈습니다. 핸드폰 문자 카드로 대체되고 있는 시대에 이런 카드를 받았다는 것과 그것도 마을 사람으로부터 받았다는 것에 무척이나 기대가 되는 마음으로 꺼내 보았습니다.

봉투를 조심스럽게 열고 손에 들고 읽으면서 카드를 선택한 것이나 써 내려간 글씨에서 꽤나 정성을 기울였다는 느낌을 받았습니다. 판에 박힌 내용이 아니라 마음으로 전하는 말이었기에 더욱 잔잔한 감동이 있었습니다.

"기쁘다 구주 오셨네.

제일 먼저 목사님께 축하드리고 싶습니다.

성탄절을 맞이하여 더욱 바쁘시리라 생각합니다.
항상 자신을 돌보지도 못하시면서
이웃 사랑과 봉사를 실천하시는 목사님이 바로
우리 모두의 우상이십니다.
우리 도심리 주민을 위해 열심히 주야도 없이
묵묵히 봉사하시며 이끌어 주시니 이 모든 것을
하나님께 감사드립니다.
다가오는 새해에도 더욱 건강하시며, 강건하시고,
도심리 주민 일동이 합심하여 우리 마을이 모범이 되어
목사님의 짐을 덜어 드리는 한 해가 되길 기원합니다.
행동은 못하지만 마음은 십자가가 있는 도심리교회로 향합니다.
존경합니다. 목사님."

좌충우돌하는 저의 모습은 거친 들에서 날뛰는 들 노루와도 같습니다. 때로는 거친 호흡을 가다듬어야 하고, 상대의 멱살을 잡고 싶을 때도 있지만 "절대불노絕對不怒"의 마음으로 주님의 얼굴에 먹칠하지 않기 위해 지금까지 견뎌왔습니다. 때때로 저를 비아냥거리고 뒤에서 험담할 뿐만 아니라 흉악한 욕을 하는 것도 들었습니다. 참고 또 참으면서 억지웃음으로 저의 얼굴을 가린 적이 한두 번이 아닙니다. 반대로 "수고하셨습니다."라는 격려의 말도 많이 들었습니다.

바람에 의해 나뭇가지가 흔들리고 잎들도 요란하게 소리를 내며 요동치지만 뿌리는 더욱 견고히 땅 속에 자리를 잡고 있는 것처럼 어떤 말에도 저의 마음의 근원은 흔들리지는 않습니다. 이럴 수 있는 것은 제 안에 있는 꿈 때문이었습니다. 이 꿈은 저의 꿈이 아니라 주님의 꿈입니다. 주님의 꿈이 이루어질 때까지 흔들릴 수 없습니다. 어느 시인의 시처럼 흔들리지 않고 피는 꽃은 없습니다.

작년 추수 감사 예배 때의 일입니다. 예배를 마치고 마을 주민들과 인사를 나누기 위해 교회 문 앞에 서 있었습니다. 아주머니 한 분이 예배당에서 나와 저를 포옹하며 말했습니다.

"목사님, 사랑합니다."

저도 아주머니에게 "저도 사랑합니다." 말하면서 옆을 보니 아저씨가 서 계셨습니다. 제가 놀라는 표정으로 "아니, 아저씨 앞에서 이래도 되는 거예요?"라고 하자 아저씨가 씩 웃으면서 말했습니다.

"목사님은 사람이 아닙니다. 목사님은 신神입니다."

마을 사람들이 저에 대하여 좋은 인상을 갖고 있다는 것은 좋은 일이지만 만약 사람들로부터 칭찬을 구한다거나 칭찬 속에 잠겨 있으면 분명 주님의 뜻을 이루지 못할 것입니다. 칭찬을 넘어 주님의 뜻을 이루어야 합니다. 그래서 저는 칭찬하는 사람이나 미워하는 사람이나 동일하게 대하고자 합니다.

잘잘못의 판단은 비교 의식을 낳게 되고, 결국 이것은 우월 의식 아니면 열등 의식을 낳게 됩니다. 사람은 비교의 대상이 아니라 조화의 대상입니다. 비교하려고 하기보다는 조화를 이루려고 힘써야 합니다. 그러기 위해서는 첫째로 상대의 고유성을 인정해야 하고, 그 고유성이 동등하다는 것 또한 인정해야 합니다.

하나님은 아담에게 "돕는 배필", 하와를 주셨습니다창 2:18. 돕는 배필에서 배필은 '동등한 자격자counterpart, a helper as his partner; NRSV'의 의미가 있습니다. 하와가 아담보다 못하거나 아담이 하와보다 못한 존재가 아니라 둘은 동등한 존재로 지음 받았습니다. 인류사적으로 인간이 저질러 온 두드러진 죄악 가운데 하나는 바로 여자를 차별하여 열등한 존재로 여겼던 것입니다.

인간 자체가 서로 돕는 배필의 관계입니다. 돕는다는 의미는 도움을 받는 자보다 힘이 더 강하다는 뜻을 내포하는 듯하지만 아닙니다. 왜냐하면, 인간은 각자 다르기 때문입니다. 개성, 인성, 재능, 성품, 모두 다릅니다. 똑같은 것을 비교해야 우위를 가릴 수 있지만 다른 것과는 비교의 대상이 될 수 없습니다. 즉 어떤 사람은 어떤 부분에서는 도움을 줄 수 있지만, 어떤 부분에서는 반드시 도움을 받아야 합니다.

우리가 살아가는 이 세상은 비교로 가득 차 있습니다. 농촌의 한우들이 팔려 나갈 때, 등급을 매깁니다. 1등급과 2등급의 가격 차이는 엄청납니다.

큰 교회 혹은 작은 교회라는 표현은 성경에는 나오지 않는 용어입니다. 큰 교회는 작은 교회를 늘 도와주어야만 하는 관계로 이해합니다. 큰 교회는 그 나름대로, 작은 교회도 그 나름대로의 고유성이 있습니다. 이것은 하나님이 만드신 자연계의 특성입니다. 하늘을 찌를 듯한 잣나무와 시냇가에 있는 버드나무는 비교의 대상이 아닙니다. 하나님이 원하는 세상은 비교가 하니라 조화인 하모니입니다.

행복마을

올해 우리 마을에 경사가 났습니다. 평생 농사만 짓고 살아오던 임 씨 아저씨에게 천재일우千載一遇의 기회가 생겼습니다. 아저씨는 전국 소몰이 소리 경연 대회에 나가서 대상을 차지했습니다.

옛날에는 논밭을 갈기 위해 농가마다 한두 마리 소는 다 있었습니다. 소로 밭을 가는 방법에는 두 가지가 있는데, 한 마리로 하는 것을 호리질이라고 하고 두 마리는 겨리질이라고 합니다. 밭을 갈 때, 소를 몰기 위해 농부는 소리를 합니다. 소몰이 소리에는 가난했던 시절 시골 농부들의 애환이 담겨져 있고 힘겨운 삶을 예술로 승화시키는 몸부림이 들어 있습니다. 지금은 전통문화 축제와 같은 행사에서 소모는 소리를 들을 수 있을 뿐입니다.

임 씨 아저씨는 신문과 방송에 출연하면서 유명해졌습니다. 이런 아저씨의 소몰이 소리를 테마로 하여 우리 마을을 농촌 체험 마을로 만들기로 결정했습니다.

오늘은 행복 마을 만들기를 위한 준비위원회 모임이 있는 날입니다. 병마골에 사는 송 씨 댁에서 모이기로 했습니다. 아침 일찍 사랑방에 군불을 지펴 놓으라고 부탁드렸습니다.

약속된 시간이 되자 한두 사람씩 모여들기 시작했습니다. 부녀회장인 정 씨 아주머니는 몇 달 전에 오토바이에 다리를 다쳤습니다. 원래 허리가 구부러진 데다 다리까지 절면서 힘겹게 오셨습니다. 사랑방 구석에는 화로가 은근히 열을 내고 있었습니다. 방안은 훈훈했고, 바닥은 따끈따끈했습니다.

준비위원회 모임은 이미 여러 차례 가졌습니다. 오늘은 특별히 행복 마을 만들기를 하다가 실패한 사례들을 조사해서 발표하는 날입니다. 여러 의견들이 나왔습니다.

"돈 사용이 투명하지 않을 때, 실패합니다."

"열정적이고 희생적인 지도자가 있어야 합니다."

"자기 욕심만 챙기려는 마음을 버려야 합니다."

"마을에 뚜렷하게 내놓을 만한 테마가 있어야 합니다."

"끼리끼리 몰려다니지 말고 서로 화합해야 합니다. 그러지 않으면 행복 마을 만들기 하다가 불행 마을을 만들게 됩니다."

다음은 입이 뭉툭하고 얼굴은 햇빛에 그을려 누런빛이 감도는 최 씨가 말했습니다. 최 씨는 우리 동네 독불장군입니다. 성격이 얼마나 독선적인지 상대하다가는 낭패를 보기 일쑤이기 때문에 어느 누구도 그와 말을 섞으려고 하지 않습니다. 그러나 물불을 가리지 않고 저돌적으로 몰아붙이는 힘이 있어서 좀 야비하지만 제가 가끔 공무원을 만나서 마을 일을 진행할 때, 전면에 배치시킵니다. 그런데 이날은 썩 좋은 말을 했습니다.

"행복 마을 만들기가 전국적으로 시행되고 있습니다. 실패하는 큰 요인은 농촌 체험 마을을 만든다고 하면서 도시 사람들을 끌어들여 돈을 좀 벌어 보겠다는 욕심 때문입니다. 행복은 돈에 있지 않습니다."

실패한 사례를 다 듣고 나자 '이게 쉽지 않겠는 걸!' 하는 표정으로 멀뚱해 있는 사람도 있고, '행복한 마을을 만들기 위해서는 잘 준비해야겠는 걸!' 하는 진지한 표정을 갖는 사람도 있었습니다. 주위를 둘러보면서 야무지고 엄숙한 목소리로 회의의 마무리했습니다.

"우리가 하고자 하는 일은 결코 쉬운 일이 아닙니다. 그러나 우리 모두 한마음이 되어 힘을 합친다면 우리가 꿈꾸는 행복한 마을을 만들 수 있습니다. 마을 일을 의논하다 보면 자기 마음에 들지 않을 수도 있습니다. 맞지 않는다고 해서 행패 부리고, '너네들 마음대로 해!' 하면서 발로 문을 걷어차고 나가면 안 됩니다. 어떤 일이 있어도 끝까지 대화로 해결하고자 하는 마음을 가져야 합니다. 우리 중에 그럴 사람이 둘셋 있어서 하는 말입니다."

듣고 있던 최 씨와 박 씨가 자기가 그 후보라고 말하면서 멋쩍게 손을 들었습니다.

저는 우리 마을을 행복한 마을로 만들기 위해서 회복이라는 방향을 설정했습니다. 하나님의 창조 세계 회복, 전원적인 옛 농촌 회복, 인간 냄새 물씬 풍기는 시골 인정 회복입니다. 마을 어르신들과 함께 어떤 행복한 마을을 만들게 될지 한껏 기대가 됩니다.

행복 마을 만들기는 복을 사람이 만들 수 있다는 느낌을 줍니다. 정말 복을 사람이 만들 수 있을까요? 영어로 'Blessing'은 하나님이 내려 주시는 복을 의미합니다. 이 단어는 '피를 흘리다'라는 'Bleed'에서 나왔습니다. 하나님이 주시는 복에는 피 흘림, 즉 죽음이라는 대가를 통해 주어집니다. 이것은 십자가 위에서 예수 그리스도의 피 흘리심이 우리에게 가장 큰 복이 되는 이유입니다.

복福은 한자로 示 + 一 + 口 + 田 로 구성되어 있습니다. 볼 시示와 하늘을 의미하는 일一, 사람을 의미하는 구口, 일터를 의미하는 전田으로 되어 있습니다. 복福이라는 한자는 사람이 밭 위에 서서 하늘을 쳐다보고 있는 모양입니다. 밭 위에 서 있는 사람은 분명히 농부입니다. 농부는 밭에 서서 오직 하늘을 바라봅니다. 이때 하늘로부터 주어지는 은혜가 복입니다.

옛날 농부들은 전적으로 하늘에 의지했습니다. 하늘의 해, 달, 별, 비, 이슬, 바람, 눈은 농사에 필수 요소입니다. 하늘은 곧 하나님을 의미합니다. 그러므로 참 행복은 사람이 만드는 것이 아니라 하나님을 의지할 때 하나님으로부터 매우 자연스럽게 주어지는 것입니다. 하나님을 온전히 의지하지 않고 복에만 목적을 두는 것을 기복 신앙이라고 부릅니다.

저는 도심리 마을을 하나님이 주시는 복으로 가득 찬 행복 마을로 만드는 꿈을 꾸기 시작했고, 이제 한 걸음 내디뎠습니다.

화해

아직 안개가 걷히지 않은 이른 아침이었습니다. 오늘은 조 집사님의 들깨를 베는 날입니다. 들깨 밭에는 멧돼지가 들쑤셔 놓은 흔적들이 여기저기 있었습니다. 서리를 맞아서 들깨 잎들은 풀이 죽어 있었습니다.

낫을 들고 한 사람씩 나타났습니다. 한 씨가 아주머니와 함께 왔습니다. 아주머니는 교통사고로 다리를 다쳤기 때문에 걸을 때마다 뒤뚱거립니다.

들깨 향이 콧속으로 들어와 온몸과 마음을 상쾌한 기운으로 충만하게 했습니다. 고요한 가을 들녘의 침묵을 깨고 한 씨 아주머니가 소리쳤습니다.

"깨만 베지 말고 말도 하면서 일해!"

큰 호랑바위 골에 사는 이 씨가 응답했습니다.

"힘들어서 말할 힘도 없어요. 아주머니가 노래 한 자락 하세요."

모두가 다 기회다 싶어 허리를 펴고 웃으면서 제각기 한마디씩 했습니다.

새참 시간이 되었습니다. 심 권사님이 빵과 과자, 음료수를 가지고 왔습니다. 새참을 먹는 동안 저는 낫을 숫돌에 갈았습니다. 낫 가는 소리가 제법 리듬을 만들어 냈습니다. 소리만 들어도 낫이 잘 들 것만 같았습니다. 참을 먹으면서 이야깃거리는 자연히 어제 있었던 반상회였습니다.

"어제 반상회는 정말 잘됐어. 한 번은 해결하고 넘어가야 할 문제였어."

"터질 것이 터진 거야. 관운이와 성환이의 성깔이 대단하던데."

어제는 중요한 반상회가 열렸습니다. 올 초에 우리 마을에 불미스러운 사건으로 몇몇 이웃들이 서로 등지고 원수가 되어 말도 안하고 지냅니다. 그것을 바라보는 주민들도 괴로웠습니다. 서로 화해를 시키려고 백방으로 노력했지만, 팽팽한 기 싸움은 계속되었습니다. 그래서 행만추 회의에서 반상회를 소집하여 허심탄회하게 대화하는 시간을 갖기로 결정했습니다.

당사자들로부터 반상회에 참여하겠다는 약속을 받아 놓았지만 당일에 심기가 불편해서 나오지 않을까 봐 걱정이 되었습니다. 마을 회관으로 출발하기 전에 기도했습니다.

“하나님, 오늘 반상회를 축복하옵소서. 당사자들이 모두 나오게 하시고 서로 화해하는 시간이 되게 하소서.”

도착해 보니 주민들 대부분은 와 있었는데, 당사자들이 보이질 않았습니다. 시간이 거의 되어서야 당사자들이 현관문을 열고 들어섰습니다. 얼마나 반가웠는지 모릅니다.

마을 회의의 시작을 알리고 주민 전체가 들어야 할 공지 사항을 전달하고 반상회의 목적을 설명했습니다.

"저는 가끔 외국에 나갈 기회가 있습니다. 외국에 나갔다가 이삼일만 지나면 우리 마을로 돌아오고 싶은 마음이 간절하고 인천공항에 도착해서 마을에 들어서면 기쁘고 평안했습니다. 그런데 어느 날부터인지 마을로 들어서는 제 마음이 무거웠습니다. 차를 몰고 마을을 지나면서 한 집 한 집을 바라보면서 아픈 마음을 감출 수가 없었습니다. 아마 여러분의 마음도 저와 비슷하리라고 생각합니다. 미움은 우리에게 고통을 가져다 줍니다. 오늘 이런 자리를 마련하여 우리 안에 있는 오해, 상처, 섭섭함, 미움을 솔직히 말하는 시간을 가지려고 합니다. 그리고 우리의 대화가 마친 후, 문을 열고 회관을 나설 때에는 나쁜 마음은 모두 털어버리고 절대 헐뜯는 말을 하지 않고 서로 좋은 점만 말할 것을 다짐했으면 합니다. 그렇게 하실 수 있죠?“

그러자 마을 주민들이 ”네!“ 하고 대답하면서 박수로 화답했습니다.

화를 내지 말고 상대방을 배려하는 마음으로 대화를 하자고 했지만 막상 시작되자 당사자들은 서로의 정당성만을 주장하면서 고성이 오가고 분위기는 점점 험악해졌습니다. 다투다가 참지 못하고 중간에 자리를 박차고 나가려고 하는 사람을 붙들어 간신히 자리에 앉히기도 했습니다. 감정을 다 폭발하고 속에 있는 것을 주민들 앞에서 이야기하도록 했습니다.

시간이 어느 정도 흐르고 주민들이 이구동성으로 당사자들에게 서로 화해할 것을 요구하자 그들은 감정을 누그러뜨리기 시작했습니다. 제가 일어나서 상황을 정리했습니다.

"양쪽의 이야기를 다 들어 보니 한 가지 결론에 도달하게 되었습니다. 양쪽 다 마을을 위해서 한 행동이었습니다. 그러므로 둘 다 잘못이 없습니다. 표현이 지나쳤고 상대방을 배려하지 않은 것만 잘못했기 때문에 그것만 서로 미안하다고 하면 될 것 같습니다. 서로 악수하고 오해를 푸세요."

당사자들은 주민들에게 심려를 끼쳐서 죄송하다는 인사와 함께 서로 화해의 악수를 했습니다. 주민들도 박수와 환호로 기뻐했습니다.

"이 시간, 저는 너무 기쁩니다. 서로 화해하신 분들께도 감사드립니다. 다음 주에 우리 마을에서 가을 소풍 겸 선진지 견학을 갑니다. 올해는 특별히 남북 통일의 바람이 불고 있기에 파주와 문산 쪽으로 가려고 합니다. 소풍을 통해 우리 마을이 새롭게 태어나는 계기가 되었으면 합니다. 오늘 반상회는 이것으로 모두 마치겠습니다."

각자 집으로 돌아가면서 이별의 인사를 나누는 주민들은 꼭 새들이 노래하는 것과 같았습니다. 처음 시작할 때는 불안, 긴장, 침묵으로 시작했다가 화해한 후에는 격려, 환희, 웃음으로 끝났습니다.

마을 회관을 나서면서 밤하늘에 빛나는 별들을 바라보았습니다.

"주님, 저들을 하나님과 화해하도록 하셔서 우리 마을이 예수 마을이 되게 하소서!"